偏差値30からの中学受験

リレーアドバイス

はじめに

「中学受験」ってなんでこんなに苦しいんだろうね。もうホントに嫌になっちゃうときがあるし、母である自分が頑張んなくちゃいけないのに、頑張ろう！　って思えば思うほど泣きたくなっちゃうときがある。

『偏差値30からの中学受験合格記』という極めて個人的な体験記を書かせていただいたあと、全国の「たこ太」＆「たこ子」をお持ちの親御さんたちから本当にたくさんの反響を頂戴した。読んでくださった方々、お声を寄せてくださった方々、本当にありがとう。

それぞれの母たちがそれぞれの思いで懸命にそのときを過ごし、また今を過ごしておられることを肌で感じることができ、おひとりおひとりの「中学受験物語」を胸に刻んでいる。

受験の「切なさ」や「苦しさ」も人それぞれで、物差しをあてて辛さの度合いを測るとか誰かと比べてどうこうとか言う問題ではないのはわかっている。けれども受験というものを経験してきた母たちの思いを受けて、いっそう強く思うことがある。

「みんな、そうだったんだ」

偏差値が高くても低くても、志望校に近くても遠くても、母の思いは変わらない。

今回、インターネットサイト「湘南オバさんクラブ」のなかで出会い、親しい友人となってくださった先輩母（父）たち50人にご協力を呼びかけた。「受験のときのこと、辛かったこと哀しかったこと、でも、すっごく嬉しかったこと、いろんなことを教えて」って。

「あとに続く、今苦しい母たちに『元気玉』を渡してあげて」って呼びかけた。誰もが、中学受験は過ぎ去ったことであり、今更振り返り、他人である誰かを励ます義理もない。しかし彼女（彼）たちは「即答」でOKと応えてくれた。「あのときは本当に苦しかったけれど、あのときがあるから今がある。だからこそ、本気で『もう少しだけ頑張れ！』って後輩母を応援したい」って温かい気持ちを寄せてくれた。ありがとう。本当にありがとう。

ドラゴンボールZ（鳥山明氏作）という漫画に「元気玉」というものが出てくる。動物・草木を含めた地球上のありとあらゆる生命の「元気」をちょっとずつ集め、大きな気のエネルギーに昇華させる主人公最大の技である。

この本家「元気玉」にはスケールでは到底及びもつかないが、今、涙で目の前がかすんでいるひとりぼっちの母がいるのだとしたら、この「本音」を聞いて欲しい。

今の時代を生きる私たちにも子育ては苦しい。受験も苦しいことのひとつかもしれない。でも私たちはこれを越えよう。我が子に出会えたことに感謝して、今の試練に感謝して、私たちはこれを越えていこう。きっと、きっと「いいこと」が待っている。

この本作りにご協力してくださったすべての皆さまに心から感謝。

鳥居りんこ

偏差値30からの中学受験

リレーアドバイス

contents

はじめに　4

part 1 直前編　8

6年の底　9
なかったことにする後悔模試　15
偏差値と母の悩み　21
志望校選びの決め手　27
どうする、過去問　33
男の子の受験　女の子の受験　39
母と子の壮絶バトル　45
やる気はいずこ？　51
あと100日、とにかくこれだけやんなさい　57
へえ〜なタイムスケジュール　63
ゲームもテレビも消えた日　71
あるなら知りたい不得意科目の攻略法　77
私、かなりきてますか？　85
本気モードに入るとき　91
願書出したら腹がすわった⁉　97
併願校大作戦　103
受験当日の心得　109
母はお弁当に愛を詰めて①　115
中学受験ホント話①　116

part 2 基本編 118

やっぱ私立でしょ、の真実 119
塾という存在 125
先生、すがっていいですか? 131
うなぎさがりな成績 137
夏休みは天王山!? 143
受験における父親という存在 149
志望校を決める前にDNAをチェックせよ! 155
受験をやめたくなるとき 161
母はお弁当に愛を詰めて② 167
中学受験ホント話② 168

part 3 真実編 170

一番切なかったこと 171
ここ一番頼りにしたもの 177
合格を最終的に決めたもの 183
親子成長物語 189
ずばり中学受験とは 195
母はお弁当に愛を詰めて③ 201
中学受験ホント話③ 202
現役母にスペシャル元気玉を贈ります 204
あとがき 208

part 1

直前編

6年の底

受験まで1年を切った6年、ここまで頑張ってきたんだもの、成績は右肩上がりで合格まで一直線！…のはずがどうしたことかやる気も偏差値も低迷状態。あり地獄じゃあるまいし、早く底を打って登ってこい。母の焦りは増すばかり…。「6年で底打っても大丈夫と誰か言って〜」それが母の切なる願いである。

受験終了組
母たちのケース

「実際のところ、6年の底はいつでしたか。どうやって底から脱出したの？」

6年の7月が底。こんなはずではないという気持ちとこれからどれくらい下がるのかという不安で生きた心地がしませんでした。ただ成績は下がったものの、本人の理解力やモチベーションの低下は感じなかったので、一時的なものと信じて、解けなかった問題のやり直しや日々の課題をこつこつと続けていたら、成績もだんだん戻っていきました。起死回生の策なんてあるはずもなく、こつこつと粘り強く積み上げていくしかないのだと実感しました。子どもの力を信じて、最後の最後まであきらめないことが大事だと思います。（男子　進学先偏差値61）

6年の9月の公開模試。コメントに**おまえ何考えとんじゃ～～**、悪いこと言わんから志望校変えろ！くらいのことが書いてあったので、凹みまくりました。（男子　進学先偏差値52）

入試直前の1月に失速したときは本当にどうしようかと思いました。**沈没船に乗っているような心境でした。**すくってもすくっても水が入って沈んでいくような…、教えても教えても知識が漏れていくような状況で、本当にどうしようかと思いました。脱却方法としては母はサポートに回るしかないと思い、あとは塾と6年後半に頼んだ家庭教師にど～んと任せることにしました。（女子　進学先偏差値44）

受験の間際。どうしても上げることができなかった。子どもの精神状態も限界だったと思う。親としては必死だったが、子どもの目はもう、いってしまっていた。今考えるとちょっと怖い気がする。ヘンだったかも。でもどうしても、そこから抜け出せなかった。脱出法は…ありませんでした。そのまま受験…。（男子　進学先偏差値52）

入塾が5年の秋だったため、6年の9月以降総合問題になってから、やっていない地理や理科の単元で成績がかなり落ち込み、とても不安になりました。それからしばらくの間、成績が低迷してあせりまくりました。塾の宿題をするのに必死で、やっていないところの学習もままならず、大変なジレンマに陥りました。できるところで点を取るしかないとあきらめ半分、あと半分は**睡眠時間を削らない範囲**で塾を信頼してコツコツ頑張るしかないと思い、最後のほうはだいぶ成績も回復しました。

（女子　進学先偏差値56）


6年夏休みに、お弁当を昼夜と2個分用意して勉強漬けだったのに、2学期にクラスが2つ落ちた。得意、不得意科目の偏差値も10近く開きがあり、夫婦で**志望校変更**を真剣に検討した。でも子どもには「先生が基礎をきっちり固めよって考えてくれてたんだよ」と話し（というか、自分にも思い込ませ）本当に不得意科目を基礎から見直した。

（男子　進学先偏差値54）


底は6年の夏休み明けですね。みんなが頑張った夏だっただけに、全体の上昇感についていけなかったとき。このままではとても志望校ランクは厳しいと思い、親が泣きたくなりましたね。子どもとしては得意としていた科目がドンと下降してしまったことで自信喪失し、やる気をなくしていました。脱出方法はまず得意科目の復活で自信を回復させ、苦手科目のここだけは絶対点をとる、**ケアレスミスをなくすこと**に絞って取り組みました。

（男子　進学先偏差値48）


6年の10月です。学校行事や文化祭まわりで生活のリズムが崩れたことが一番の原因でした。塾の先生に様子を伝えて声かけをしてもらったり、模試の結果を分析して、何で間違えたのか原因をつかみ、もしケアレスミスなら本当はできたことにして点数を計算し直し「本当の実力はこんなもんじゃない。**もったいなかったね～**、本当はできるんだもん」とほめまくった。

（男子　進学先偏差値66）

※本文中の偏差値はすべて四谷大塚の2003年度結果偏差値を基にしています。

りんごエッセイ

深海魚になった我が子

この際、結論から言おう。「6年秋は底である」

秋は自分の子どもが深海に潜ったきり戻って来ない辛い季節だ。今までだって、別に浮いてるわけではないが、なんだか実感として、沈んだきり浮き上がって来ない「深海魚」を想像しちゃう季節なのだ。

まずは晩夏、その嫌な予感は訪れる。「エ〜〜〜!? 何、これ? 何点満点なの?」と成績表を目にして頭の中が真っ白になる。空洞になった脳みそは必死に目前の事実を否定している。

「これはよその子の成績表よね? うちの子の成績であるはずがない! 先生、間違ってますよ!」

当たり前のことだが、塾がそんなことを間違うはずもないので、やはり我が子の成績だと認めざるを得ない。当然猛烈に腹が立ってくる。

「受験はやめだーー!」

受験地獄に滞在中の何年間かは、この繰り返し打ち寄せる大波との戦いの日々でもある。何度も何度も「塾はやめ!」「受験なんかアイツにゃ無駄だ!」と心が叫ぶ。この葛藤は6年秋にピークを迎えやすいのだ。偏差値、底なら気持ちも切れる。心の糸がプツリと切れる瞬間「もう希望はない」と目まいがする。母たちの「頭痛、胃痛、目まい、耳鳴り」の症状が本格的になるのが秋なのだ。りんこも秋は辛かった。成績最悪、合不合判定も絶望的なことしか書かれない。不健全なる精神は不健全なる身体に宿るかのように、地すべり的に身体のアチコチに異常をきたした。

「これ以上ないような底」を見たはずなのに「お前の底はいったいどこで止まるんじゃい?・」ってくらい、深海の深さに絶望的になってくる。それが多くの母の秋なのだ。

夏、どこの塾でも「天王山」のかけ声の下、ハンパじゃない拘束時間を設定してくれる。母は期待する。学校もないし、塾にこれだけ行ってるってことは、偏差値もグイグイッと上がってくれて、もう中学も『いらっしゃい!』状態、桂三枝師匠の物まねつき、大化けしてくれてるはずなのだ。今にして思えば大きな錯覚なのだが、渦中にいると気が付かない。

「塾に行っている」→「塾滞在時間=普段の3倍ないし5倍」→「お勉強時間が超長い」→「我が子もリキリキお勉強」→「実力メキメキ向上中」ってことは?「いや〜ん、偏差値グイグイアップなの〜?・」

家で待つ身の我が心。もう心は期待感でいっぱいだ。

しっかし当たり前のことに気が付かない。お勉強時間が長ければ長いほど偏差値が伸びて行くならば、私は迷うことなく我が子を椅子に縛り付けて置く。座ってさえいれば志望校に入れてくださるならば私も岩の上に3年も4年もはりついて、そのうち、クリの実でもならせてみせましょうぞ。そうも思うが現実は違う、全然、違う。

「夏は行っただけ」「塾で弁当食っただけ」になりやすい。

「シナロー?　ナン十万かかっとると思っとるんじゃー!　元とってこんかい!」って悪徳商法にでも引っかかったかのように「大損こいたー!」とわめき散らすときなのだ。

では秋がなぜ、底なのか?　答えは簡単。「夏は疲れる」からだ。何もしなくたって蒸し暑い日本の夏。体力は知らず知らずのうちに奪われ、秋の気配で「ヘロヘロ」になるのも無理はない。おまけに10年ちょっとしか生きていない子どもたちにとっての長時間労働の夏。疲れないほうがどうかしているのだ。

さらに「秋も疲れる」。学校行事テンコ盛り。運動会だの文化祭だのって出番は多く、さりとて塾も気が抜けないし、体がふたつ欲しい！　って時期なのだ。

秋に成績でさまよい出したら、こう言おう。

「君はね、今、夏の間に身につけたすごいたくさんの知識を自分のなかのどの引き出しにしまうのかを迷っている時期なんだよ。きちんと、あるべき引き出しに、その知識をしまえるようになったら、結果はおのずとついてくる。大丈夫だから、自信をもって間違った問題（注・難問以外）をもう一度、ゆっくり解いてみようよ」

たいていの母はやさしく言えやしない。だから、これを見て棒読みでもいいから呪文のように唱えてみよう。そうすればきっと楽になるときが来る。必ず来る。もうすぐ来る。はっきり言えば「夏はもうどうでもいい」。この晩秋から本番直前までに訪れる「ランナーズハイ」のためにだけ、苦しかったあの夏があるのだ。

教訓

秋は底とともにやってくる

なかったことにする後悔模試

6年の秋、いよいよ志望校合格判定テストが始まる。どれもこれも合格可能性80%と出れば文句はないが、実際は何点満点なのか見直したり、気絶したりの公開いや後悔模試になりがちだ。一喜一憂から一々憂鬱な我が子の結果。もう〜なかったことにするしかないか。模試は弱点を探す格好の材料というけれど、弱点だらけで、間に合いますか？

受験終了組 母たちのケース

「模試やプリントをなかったことにした経験はありますか。またそのときの怒りの納め方を教えてください」

「なかったことに」したのは**ほぼ毎回**（涙）。体が資本、母が倒れてはいけないと言いわけしながらやけ食いに走り、2年間で8kg太った（号泣）。（男子　進学先偏差値54）

ありますす。受験2日前に解いた**第1希望校の過去問の算数**で1問しか正解しなかったとき。（女子　進学先偏差値69）

もちろんあります。いらなくなったお皿（割る）、処分したかった雑誌（やぶく）、古着（引き裂く）などをストレス解消に役立てました。落ち込みがちな気持ちを鼓舞するために、脳内で**『軍艦マーチ』**や**『猪木のテーマ』**を大音響で鳴らしたりもしました。（男子　進学先偏差値61）

なかったことにした経験はなし。何が悪かったか真剣に分析した。（男子　進学先偏差値58）

悪い結果の模試をなかったことにして、良い結果のものだけを記憶に留めておきたいですよね。不安に駆られるときには、良い結果のものだけを眺めて、冷静さを保ちました。（男子　進学先偏差値64）

もちろんあります♪　でも、捨てられなくて布団圧縮袋に布団と一緒に入れた（もちろん逆支弁つき）。この前お客さまが来て、忘れてた結果が出てきて、笑った。**笑えてよかった。**（男子　進学先偏差値52）

なかったことにはせずに傷口に塩を塗り込むような物言いはしたような。母は昼間好きな映画のビデオを借りてきて**ポテトチップをぐわーっと食べて**デブになりました。（男子　進学先偏差値60）

すべてがなかったこと、だった。怒りの納め方は家を出て、一人で**車でグルグル**回っていた。ともかく、息子の姿が見えないところに行くしかなかったかな。（男子　進学先偏差値52）

それはもちろんありますよ。怒りを納めるには**受験先輩ママに電話して**慰めてもらっていました。（男子　進学先偏差値65）

各模試で、たいてい1科目は**見たくない結果**のものがあったので、それぞれの回の良い結果の科目を組み合わせて考えるようにした。Yの最終回の模試を除くすべてをなかったことにした。（女子2人、進学先偏差値共に58）

毎度なかったことにしました。志望校別などは箸にも棒にも引っかからなかった感じ…N研中学に入るんじゃなしと、次こそはと前を向くようにしました。（男子　進学先偏差値59）

はい。あまりの成績に塾に電話したら、室長に**「なかったことにしましょう」**と言われた。そういう考え方があるのを、このときはじめて知った。怒りにもならなかった。（男子　進学先偏差値60）

りんごエッセイ

あなた占い好きですか？

公開模試は占いである。

公開模試を何度も受け、偏差値という数字にも馴染んできた6年秋。このころから本当の恐怖が始まる。それは志望校への合格可能性をご親切にも、より分かりやすく一発で提示してくれる「合格判定模試」というものが始まるからである。そこには致命的な言葉が書いてある。「現実は厳しい」「困難」「次回に期待」など、およそやさしさとはかけ離れたアドバイスだ。いやこれはアドバイスではない。「不幸の手紙」に相違ない！

塾は言う。明るくさわやかに言い切る。

「お母さん、悲観的にならずに次回に生かすつもりで、これを活用していきましょう！」

そんな無茶苦茶な…。こんなもんを一体どげんして次回につなげようというのじゃ？　りんごは焦った。カリテ（毎週末の復習テスト）も悪いが、公開で点数がとれない現実のほうが数倍こたえた。なぜなら入試は範囲つきのカリテ方式ではなく、どこから出てくるのか分からない「モグラたたき」方式だからだ。

塾は言った。

「お母さん、さあ、見直しですよ！　弱点をつかみましょう！」

そんなに元気良く言われても、×だらけで、どっこもここも弱点なんですけどぉ？　それにすみません、先生。先週分のカリテと同時に公開模試を返されても困るんですけど…。

「じゃあ、まず記憶の新しいほうから見直してください。古いのは、それが終わってからにしましょう」

あのー、先生？　その前のカリテとそのまた前のカリテとそのまたもっと前の公開もまだ見直ししてないんですけど…。だんだんりんこの体は縮小し、他人の目からは見えないんじゃなかろうかと思うほどに小さくなってボソボソ、先生に訴える。ところがこんな悩める母を前にしても塾の先生、さすがに微動だにしない。

「お母さん、それならこうしましょう。正答率40％以上で落とした問題はすべてやってください。どうです？　これならやれるでしょう？」

…やれなかった…。仕方がないので「なかったことにした」。

「たこ太ちゃん、これまでのカリテも公開もみーんな、あれはウソ。受けてないことにしましょ。なかったの、あれは幻。これからよ。だから今日から見直ししていこうねー！」

と息子ではなく自分にそう言い聞かせ、目に入らないところに全部のプリントを押し込めた（捨てる勇気まではなかったのである）。4教科、すべてが弱いのだ。なので全部の教科で見直しが必要だった。でも、やっているうちに時間がなくて次の課題がこなせない。

実はりんこは1―(1)からやりたい律儀な性格である。しっかし、このときは正答率が高いのに落としてしまった順にやっていき、時間が来たら、もうそこでヤメにした。いつまでもダラダラとやらずにあきらめたのだ。しかも先生が決めた正答率40％の壁が厚いので60％にしていたのだが、ごくマレに時間内で60％の問題の見直しを完了することがあった。

そうするとつい「じゃあ、時間が余ったから50％のもやろうか？」と言いそうになるが、その気持ちをグッと抑え「よくがんばりました。ハイ、時間まで自由にしてください」と言えた自分を褒めていた。

正直このやり方がいいのか、ずっと不安なりんこだった。やはりテストは、自分の穴になっているポイントをつかんで、その穴を埋めるための手段にしなければならないと頭では分かるのだ。でも出来ない。親が我が子の穴がどこかも分からないんだから、その子どもが分かりようもないのは道理である。でも、数多くの先輩母（父）の話に、ひとつ指針があるとすればこういうことだ。

――「公開模試」が「後悔模試」に変わったら「なかったことにしてしまえ」。

最後の全国模試が終わってから、どこの模試を使っていても受験本番までは1ヶ月以上の日が残っている。模試の結果はあくまでそのとき限りのもの。本番はあくまで先だ。模試が終わった最後の1ヶ月間、本当の実力がメキメキと現れる、そういう時期に入るのだ。1ヶ月前の我が子と本番での我が子は違う。最終模試の結果に驚いて第一志望を捨てることなかれ（併願は考えよう）。本番での底力は計り知れないものがある。「偏差値を飛び越えた受験生」が無数にいる。その子たちは間違いなく本番中でも成長し続けているのだ。成長期、恐るべし。それでも合格可能性％に落ち込む母はいるだろう。そんな母のために先輩母が口にした名言を書き添えておく。

「公開は当たるも八卦、当たらぬも八卦。良かった者は信じればよし、そうでない者は忘れるがよし」

教訓

公開模試が後悔模試なら、なかったことにすべし

偏差値と母の悩み

偏差値が高く出れば母は嬉しい。偏差値が落ち込めば母の気持ちも落ち込む。受験期における偏差値とは母の気持ちの代弁者のようだが、高ければ高いで低ければ低いで、いろいろと悩みはある。中学受験のあるところ、偏差値と母の悩みあり。受験終了という喉元過ぎるまで、この悩みは消えやしない。

受験終了組
母たちのケース

「受験期において、一番心配だったことは何ですか」

やはり『**どこにも受からなかったら…**』ですね。あとは、ハードな勉強で精神的につぶれないかとか（そのへんはストレスをストレスと気付かない性格が幸いして大丈夫でしたが）。（男子　進学先偏差値61）

健康。 女の子は、小学校高学年は体に変化のある時期で、何かと体調を崩しやすかったため。（女子　進学先偏差値69）

子どもの健康（心身含めて）です。やはり親もストレスを感じましたし、本人のストレスも相当あったのではと思います。もともと、のんびりしていて、いわゆる出来る子、早熟な子の受験ではありませんでしたから…。（女子　進学先偏差値44）

元来、楽観主義なのだけれど、心のどこかでは**全落ちしたらどうしよう**かと思っていた。（女子　進学先偏差値58）

親子関係。妹がいていつも我慢しているのがわかったし、当の本人との関係も、大きくなったらきっと家庭内暴力とかで**復讐される**んじゃないかって本気で思った。（男子　進学先偏差値52）

時間の制限・経験不足から心の成長のことを心配しました。ストレスから暴れる子もいると塾で聞かされて、ドキドキしていましたが**暴れたのは母のほう**でした。（男子　進学先偏差値59）

親の都合で受験させたので、本人の意思が最後までもつかどうか。実際2月からN研に通い始めて、5月、10月、12月と3回**「受験やめたい」騒動**がありました。

（男子　進学先偏差値66）


実は小学校も私立で、そのまま行けば高校まで行けるのに、**あえて受験させるべきか**と、常に悩んでいた。またすべてダメだったらどうしようという心配は心から離れなかった。

（男子　進学先偏差値58）


勉強、勉強ばかりで子どもの**性格が歪んでしまわないか**心配でした。いつか暴れ出すのではないかと思っていました。

（男子　進学先偏差値66）


本人がかなり真面目にやっていたので、「これで志望校に受からなかったらどうしよう？」ということが一番心配でした。「努力してもいい結果が出ない」という経験をするのに11歳という年齢は幼すぎると思い、想像しただけでも**涙が出そうでした。**勉強しなくて困る、という悩みも大きいと思いますが、本人が真面目すぎるのも心配です。

（女子　進学先偏差値56）


成長期の一番大切な時期に、受験という大きなストレスを子どもに与えること。それが今後の**体の成長、心の成長**にどう影響するのだろうか…と常に不安はありました。

（男子　進学先偏差値64）

りんこエッセイ

偏差値70の親・30の親

りんこは高学歴が好きだ。人間は自分にはないものを求めてやまない習性がある。偏差値教育の渦にどっぷり浸かって生きてきたのだ。刷り込み教育の結果として「高偏差値はいいものだ！」という価値観ができあがっている。これは良い、悪いではなく「パブロフ犬」として脳が勝手に条件反射するのだから、りんこのせいではない。

悲しいかな、自分には偏差値60とか70とかいうのは「ネバー・無理・インポッシブル」だった。しっかし1回くらいはこの目で、そういう数字が実在するのを見てみたい。自分が無理ならせめて我が子の数字で感動してみたい。果たして我が子が喜んで「偏差値表」なるものを持ってきた。偏差値が何かも知らないイタイケなお子ちゃまだったから、そりゃあもう疑いもなく母のもとへと持ってきた。りんこは驚いた。

「え――――？　偏差値って20台からあるのぉ――――？」

びっくりした。後に偏差値には80という数字もあるという事実を知り「ふはー。奥が深いもんでんなー？」というわけ分からん感想を漏らしたりした。

たこ太が塾で聞いて来た他塾の子の話がある。塾友だちのクラスメートらしい。何でもすっごくお出来になるらしい。ぶっちぎりトップなのだそうだ。その「ぶっちぎり君」、何かのハズミで2番になったらしい。哀れ「ぶっちぎり君」はその2番の罪で親にぶん殴られてしまったという話だ。

「ソイツ可哀想だよなー。俺ン家来ればさ、2番だって、ものすごく褒めてもらえるのによー？」

「そうだよなー。2番で殴られてちゃやってらんないよな…」

「俺、そいつの家に生まれなくて良かったー」

と成績不振の深海魚の群れは喜び合ったのだそうだ。

そりゃそうだ、成績が1万2千番台だろうが1万3千番台だろうが、単位が大きすぎて、親は逆に全然分からんっちゅーの。頼むから上下の波動がわかるような成績を取って来い！　出るのはため息ばかり、ここまできて志望校のナント遠いことよ。ようするにりんこは限りなくひがんでいたのだ。

「あーあ、成績がいい子の母は、ただお弁当作って笑顔で『風邪気をつけてね』って言えば済むんじゃないか。いいなー。『体に悪いから、そんなに勉強しないで、少し遊びなさい』なんてサリーちゃんのママみたく優しく言えるんだろーな。言ってみてー！　一回でいいから言ってみてー！」

と思いながら「体に悪かろうが、やるものやらんかいッ！」って怒鳴っちゃう自分がいた。

最近、誰もが羨む「超難関中学」に通っている子どもを持つ母と話す機会があった。

「うらやましー。悩みなんてなかったでしょ？」

とねたみ魂が口をつく。

「何言ってんのよ。出来ないって悩みは同じだよ。毎回、毎回、偏差値がここに届いていたわけないじゃん。家はね、5年で初めて『この中学！』って言い出してから、無謀にも第一志望を変えないの。親は怖いから、安全なほうに説得するじゃん？　完ぺきな文系で家では算数しか勉強しなかったような気がするけど、今思えば、してもしなくても同じだった。

過去問では算数5点取ってくるし、しかも1の（1）しか合っていないし、結局本番でも自己採点で算数

15点。だから多分10点くらいしかとれていない。でも本人が『行きたい！』って言うのよ。だから『何でこんなもんができないの？』と言う言葉をぐっとこらえ、『すごい！　よくここまでできたね～。天才じゃないの？』と大嘘をつき、なんの根拠も無いけど『本番に強いから大丈夫』と言い続け、言ってはいけない言葉を言わない代わりに横で大きな溜め息をついたり…。ね？　だから、りんこの体験を読んだら『私だけじゃない。皆同じように苦しんで頑張っているんだ！』って励まされたんだよ」

そっかー。受験は深いな、上は上で悩むのか。いや、かえって深刻度数は増すのかもしれない。なまじいから志望校は下げられないし、しかも誰だって絶対に受かるという保証はないのだ。

一発勝負。受かるか受からないかのどちらかひとつだ。すべての不安はここにある。

「受かって欲しい、受かって欲しい、ただ、ひたすら受かって欲しい！」

母はその一念だけでここにいる。でも、この一念岩をもうがつ、強いほうが結局勝つ。母は念力を込めよう。受からない子どものケツを押す。この腕力、志望校にねじ込む強力な武器である。

母よ、我が子のケツを押せ。

教訓

偏差値は高い低いに関係なし、母の悩みは皆一緒

志望校選びの決め手

志望校をどこにするか。これは受験における最大のポイントである。校風で選ぶか、偏差値で選ぶか、はたまたビビビときた直感で選ぶのか。午後受験にW出願、強気でいくのか、安全策をとるべきか。親の戦略、吉と出るか凶と出るか。志望校選びは本当に頭が痛い、本当に難しい。

受験終了組
母たちのケース

「志望校は誰が何を基準にして選びましたか」

本人が決めました。 偏差値は遥か彼方でしたが、学校では自分のやりたいことができそうだったこと、制服が気に入ったということ、プールがあること。親の目では、しっかり勉強をさせてもらえそうな雰囲気だったこと、留学制度があること。ただ、親が子どものころの学校の評判（あまりよい評判ではなかった）も知っていましたので、かなり調査はしました。

（女子　進学先偏差値56）

5年生のうちは**家からの距離と校風**で選んでいました。6年生になって合不合判定テストを受けるようになってから、それに偏差値が加わり、しっかりしてきた（体も心も）ことから通学の範囲も広げました。最終的に一番大きかったのは校風だと思います。

（女子　進学先偏差値69）

男子校。質実剛健。しっかりした理念に基づく人間教育。進学実績。そういう観点で、学校見学などをしながら親子で決めました。この条件で住んでいる地域から通学可能な学校というと、ある程度限られてくるのですが、不思議と（?）どこも堅実な校風で、**制服姿のりりしいイケメン**さんの多い学校でした。

（男子進学先偏差値61）

自主自律という校風。それを熱く語る**校長先生にほれた。**あとは文化祭で生徒が本気で馬鹿なことに取り組んでるのを見て。本人たちがいたって楽しそうだった。

（男子　進学先偏差値52）

偏差値と寮の雰囲気。主人と相談の上決めた。寮が厳しくて有名だったから。

（男子　進学先偏差値52）


両親で手分けしながら、学校説明会に行き、そのときの先生方の印象、校風、生徒の様子、ですね。男子校狙いでしたので、結局、**父と息子で決めた**感じです。イケメン度数が高いところは母的には嬉しいんだけど、イケメンではない息子がそれではかわいそうなので（苦笑）。

（男子　進学先偏差値47）


志望校は親が決めたようなものです。志望理由は学生さんの様子を見て家の子に合うというより、**こんな学生になって欲しい!!**という学校にしました。でも本音は偏差値が下地にありました。

（男子　進学先偏差値66）


家の子の場合、**「変わっている」から**私立受験を選びました。本当に最初は自由学園みたいな、フリースクールみたいなところでもいいのかな？　なんて考えていた時期がありましたが、一応中学としては普通の教育課程で学ばせたかった。なので、普通の私立中学ではあるけれど、子どもの個性をあらゆる面で尊重してくれるところを選びました。

（女子　進学先偏差値44）


本人があちこち学校見学をした末選びました。といっても見学をする学校は親が偏差値、校風、通学距離から選びました。娘は学校の敷地に入った途端から、つまりたたずまいや雰囲気が気に入り、学園祭で**素敵なクラブ**を見つけ一目ぼれ状態でした。

（女子　進学先偏差値51）

受験の方程式

あまりに学校説明会に行き過ぎた。保護者会で隣に座った見知らぬオヤジが「僕は今年、もう14校見ました。いや〜、それくらい見ないとなかなか分からない、奥深いものです、中学受験は…」なーんて話したせいだ。それは「学校見学にも行かないようなめんどくさがり屋の家の子は受かりまへんで〜」と耳元でささやくような悪魔の呪文となってりんこを縛った。

「ヘッ？　そーなの？　説明会にはたくさん行かなくちゃ受かんないんだ！」

たこ太5年の秋だった。けれど、このときのりんこ、どこにどんな学校が存在しているのかも知らなかった。そこで塾の受付のお姉さんに聞いてみた。

「すみません。（うちのたこ太に合う）お坊ちゃま学校はどこでしょう？」

若くて綺麗なお姉さんだったが、にっこり笑ってこう言ってくれた。

「お坊ちゃま学校はたくさんありますよ。たこ太君の感じだと〜◆△★◎■○☆なーんていかがです？」

とザッと10校ほど挙げてくれたのだ。まあ偏差値が偏差値なので知っている学校の名前が出るとは思わなかったが、それにしても知らん学校のオンパレード。お姉さんはこう言った。

「これからたくさん学校見学に行って、たこ太君にぴったりの学校を見つけてくださいね」

しっかしりんこ、中学受験、ド素人なのだ。何をどうして我が子にぴったりだわ〜！　と見抜けと言うのだ？　手探り状態の旅が始まる。どこに行っても校長の話に感心し教育カリキュラムに納得感を持つ。どの学校でも、通っている公立小にはない「生の響き」を感じていた。しかし、我が子に合うのかどうなのかというポイントで分からなくなる。あれだけ受験にはモチベーションが必要で、その最たるものが「志望校」であると聞かされ続けているというのに。そこで、たこ太に聞いてみる。

「ねえ、お母さん、K文（国際学園）最高にいいと思ったけど？」

たこ太は「ゼッテーやだ！」と言った。何がどう嫌なのか、なぜ息子が嫌がるのかも分からない（後日、彼は女の子がいる学校はノーサンキュなのだということが判明。女は母と妹だけでたくさん！ うんざりなのだろう）。学校探しに疲れきったりんこはすっかり煮詰まってしまった。そこで先輩母に相談する。

「どこもここもいいと思うんだけど、最終的にどこがいいのか分かんない！」

彼女はひと言こう言ったのだ。

「たこ太がいいとこがいい」

ハッとした。りんこは我が子が全然幼いと決め付けて彼が選ぶことに不安をもっていたのだ。神奈川TOP校に息子を入れていた友人である先輩母はこう付け加えた。

「通うのはたこ太。だから選ぶのはたこ太。親は金を出すだけよ。私？ そうねー、そこの高校生を見て私が高校生だったらこういう男の子とつき合いたいナーって思ったな。なんかノビノビって感じがしたのよね。息子も栄光（学園）からそういう雰囲気を感じたと思うんだ。で、彼もかなり気に入ったんだろうね。私もあの子に『いいわねー。ああゆうお兄さんになって欲しいわ〜』って洗脳はしたけどね。アラ、たこ太、久しぶり！ あなた、どこに行きたいの？」

たこ太はそのオバサン（友人）を見てこう言った。

「俺？　逗子開か浅野！　どっちかに行く！」

その時点では合格には、どちらにしろ、ものすごく遠い存在の学校であったが、彼は確かにそう言って、受験までそう言い続けた。友人はそのときこう言った。

「たこ太は受かるよ、きっと。何の根拠もないくせに『行く！』と決めた子は本当にそこへ行くものよ。これは〈受験の方程式〉だと私は思ってる。りんこ、大丈夫。偏差値なんて関係ないわ」

りんこはたこ太に「なんで、その2校なの？」と聞いたことがある。ヤツは母に向かってこう言った。

「エー？　逗子もおもしろそーだし、浅野もおもしろそーだから」

りんこは思った。「海を見ながらの6年間（逗子開成）と夕日を眺めての6年間（浅野）。それもいいかも」

なんだかたこ太の志望動機がとっても彼らしく思え、意味がなさそうな言葉ではあったが、彼流に言い表している言葉に思えた。たとえそれが親の思いとかけ離れていたとしても我が子の志望動機はあなどれない。無意識にでも自分の空気と学校の空気の濃度を量って呼吸しやすいところを選ぶのだろう。「学校説明会」に行って迷いに迷って決断がつかなくなったら原点に戻ろう。答えは我が子が持っている。

教訓
子どもが行きたいところに勝るものなし

どうする、過去問

はじめて過去問を解くのは、どんなに早くても受験まで残り半年を切ったころである。たいていはあまりの出来の悪さに卒倒しそうになる。間に合うのだろうかと、母は焦りまくり怒りまくる。おまけに第一志望の相性が最悪だった日には暗い闇へと落ちてゆく。

受験終了組
母たちのケース

「はじめて過去問を解いたのはいつごろで、何点くらいとれましたか。また相性はあると思いますか」

10月くらいから**「始めたら？」**と言う私の言葉に、「塾でまだやるなと言われているから」と耳を貸しませんでした。結局、本格的に手をつけ始めたのが11月後半。そばで見ている私は「これからで間に合うの」と心配でしたが、始めるのが遅かった分、1回目から7割は取れていました。ただし、第1、2志望校に関しては日特や学校対策講座で解いている問題もありました。

（男子　進学先偏差値65）

10月から。第一志望・第二志望は5〜6割くらい、第三志望は6〜7割。過去5年間分を第一志望、第二志望は2回、第三志望は1回。それ以外は過去1〜2年分を1回。相性はあると思いますが、一番相性の良かった第三志望が×で、一番相性が良くなかった学校（進学先）が◎だったのは意外でした。**やはり「水物」**を実感。

（男子　進学先偏差値61）

9月ごろ、平均で30点くらいだったかも。でも**相性ってほんとにある**と思う。偏差値に関係なく解ける学校は解けるようになってきた。算数の最初の問題が解けると不思議とあとも調子よくいけたような気がする。うちの子は国語の番号で選んだりするものが苦手で、記述が得意でした。志望校は解答欄が大きなカッコしかなく、ほとんどが記述式だったのでそれがよかったのかも。

（男子　進学先偏差値52）

6年の11月ぐらいからです。**最初は半分ぐらい**でした。志望校については、最終的にはなんとかボーダーは越えました。

（男子　進学先偏差値52）

秋以降から塾でぼちぼちやり始め、年末から家庭でもやり始めました。算数は最後まで波があり、やり始めたころからできるときは9割以上、できないときは1割、という感じでした。国語と理科は安定して8割以上とれていましたが、社会は最初は悲惨、試験日が近くなるにつれ安定してきました。相性はあると思います。一番感じたのは国語で、女子校の記述問題は、相性が合わないと話しにならないと思いました。
（女子　進学先偏差値69）

6年の夏休みで半分も行かなかったと思います。**1年分だけやってめげました。**あとは入試直前、このころには合格点は取れるようになりました。
（女子　進学先偏差値51）

過去問は確か、10月ころ。半分も取れなかった。塾の先生が決めた合格最低点（本に載っている合格最低点よりも低い）よりも一点足りなかったことが印象に残っている。過去7年分くらいをそれぞれ一回。相性は記述が得意だったので、記述の多い学校のほうが有利だと思った。**算数はいくらやっても点が取れない**ので算数の相性は無視。
（男子　進学先偏差値65）

夏休み中。第一志望は苦手科目で6割、得意科目は8割とれました。最終的には第一志望は3回、それ以外は1回でした。相性は絶対にあると思います。点数はもちろんですが、子どもが問題を解いていておもしろいと思える学校は相性がいいと思います。
（女子　進学先偏差値58）

●塾はこうみる！

過去問の最大メリットは、学校の出題傾向をつかめることです。単元の学習ムラがあるうちは手が出ない場合もありますが、遅くとも9月末までには始めたいところです（シドウ会）。

りんごエッセイ

空飛ぶ過去問

時は師走。師が走りゃ弟子も走るってゆー「待ったなし！」の時期である。塾でも通常講義にプラスして過去問に重点を当てる授業体制に移っている。母たちも会えば過去問の話題で持ちきりだ。焦る、焦る、時間がない！　なのにア〜、腹の立つ！　何を考えとんのじゃ、このアホは！　一体、今を何月何日の何時何分だと思っとるんじゃちゅーの！　何日前ってのが逆算できんのかい。解答を見て丸写しという技も散々やってくれたが、過去問を時計計ってやってるちゅーのに50分経って出てきたと思ったら、アンタ、白紙よ、白紙！　その50分、何をしとったんじゃ！「あ〜、眠てー！」って、オマエなあ、1回その脳みそ洗ったろーか!?　当然、過去問が空を飛ぶ。しかも狙って投げているのに息子に当たったためしがないというから腹が立つ。

そんなわけでとにかく時間がとれない！　と焦っていたりんこ、冬の匂いがしてくるころ、過去問に重点を置く家庭学習に切り替えた。問題集を1ページやる予定なら、そこは奇数問だけにするなどで大幅に時間を短縮。その空いた時間をすべて過去問に回していったのだ。もう子どもも自分が「カチカチ山の狸」状態、尻に火がついているのは十分承知している。

たこ太も問題集をやるよりも過去問をやるほうがちょっとはマシという雰囲気になってきた。今がやりどき、熟しどきなのだ。さらに年が明けると各種テストがなくなるので、思ったよりも過去問に回せる時間も増える。なにしろ過去問は「命綱」なのだ。いや、たこ太に至っては「綱」ではなく「糸」かもしれぬが、細かろうが長かろうがこれを辿って行くしか道がない。入試は塾の問題集からではなく過去問から出る！　どうしても攻略しなければならないのだ。とにかくここまで金と時間を費やした。かくなる上は勝利が欲しい！　何でもいいから奥義が欲しい。何年分やれば合格できるんだろうか。

実はこれ、過去問開始の時期が塾によっても講師によっても言ってることがバラバラなように、人によって違ってくる。この学校以外は行かない！　と思えば一点豪華主義でやるしかないし、何でもいい、どっか引っかかってくれ！　という場合には、広く薄くやるしかない。たこ太の場合を参考までに記すならば

藤嶺藤沢：1年分×4教科×2回＋おまけの模擬試験2回×4教科＝16回
逗子開成：4年分×4教科×1次・2次分×2回＝64回
鎌倉学園：5年分×4教科×2回＝40回
浅野学園：5年分×4教科×2回＝40回

をやりきった。そのほか、当初出願校として考えていた自修館、湘南学園もやることはやったが、たこ太、点が全くとれずすぐに「やめ」となった。合計4校分、160回。1日2回するとして、80日。2ヶ月半は必要な計算。なのでカリテのない日は3教科やっていただいた。今思うと「たこ太よ。よー、やった」という気分であるが、悲しいかな、ただやればいいというわけではない。いくらやったところで肝心な問題ができなければ意味がないのである。そこでりんこはまたまた焦り狂うことになる。

「ちっとも全然、できないじゃん！」

そうなのだ、過去問、できてなんぼのものなのだ。その証拠に過去問ができたら安心できるのか？　この質問に多くの母がYESと答えている。何しろ志望校の匂いがプンプンしている過去問なのである。合不合

判定模試よりも、ある意味的確。合格最低点をクリアすれば油断することなく安堵していい。

しかし、秋の時点でできる子どもはマレである。初回は3割行くかどうかで絶望の色が隠しきれない。だがこれで普通なのだ。満点は必要ない。どの学校であっても合格最低点で合格だ。そのボーダーが大体6割強と言われている。残り3割を本番までに積み上げるのだ。その残り3割。過去問は親切である。できない単元を明快に教えてくれている。「場合の数」ができないならば基礎に戻ってやってみる。「200字要約」ができないならば特訓あるのみ。要は明確に出てきた弱点を過去問の解説書を読み、基礎に戻ってやってみる。そして同じ問題をやってできれば自信になる。自信があれば合格にグンと近づく。これこそが過去問の奥義なのだ。過去問は得点よりも「慣らし」である。「慣れる」ことで自信をもって挑めるようにやるものなのだ。

さあ、これを見た日から「過去問対策」を立てよう。人は人、自分は自分だ。先輩母のなかには前日に徹夜で初めて過去問を解かせたというツワモノもいるくらいだ（結果は合格）。たとえ前日でも問題に目を通すだけでもかなり違う。たとえ穴だらけの我が子でも、本番までに1個でも2個でもその穴を埋めよう。その小さな努力こそが本番の力になるのである。

教訓

過去問を徹底的に積み上げるべし

男の子の受験 女の子の受験

男の子の受験と女の子の受験、どちらが大変なのだろうか。男の子の母は言う「女の子はまじめだから」、女の子の母も言う「男の子はあと伸びするから」隣の芝生は青いのだ。幼い男の子と生意気な女の子、国語が苦手な男の子と算数嫌いな女の子。…中学受験はやはりどちらも大変である。

受験終了組
母たちのケース

「男の子のお母さま、女の子のお母さま、それぞれ特有の悩みはありましたか」

ハイ!!　全く本気になってくれませんでした。最後まで「誰の受験？」と言いたくなるような状態でした。**とってものんびり**していて…兄弟の1番上のお子さんで男の子のお母さんはよく同じことをぼやいておられました。それから何をさせても雑でした。
（男子　進学先偏差値41）

調子に乗りやすい子どもで、塾に行って、塾の子を笑わせることばかり考えていました。塾の先生からも「お前は何しに来ているのか？」という叱責のお手紙も貰いました。ところがこれを止めさせると塾がつまらないと言い出し困りました。
（男子　進学先偏差値66）

大あり!!　でした。でも周りもそうですね。このことが**男の子は最後まで伸びる**という噂につながるのでは。確かに伸びると思います。12月の模試が終わってから、ひと月以上の期間の伸びは誰の目にも見えないというか数字になって現われないけれど、確かに伸びていたと思います。2月4日も塾の自習室で過去問をやっていました。そんなお子さんがほかにもいて、先生方は温かい言葉をかけ続けてくださったそうです。
（男子　進学先偏差値66）

やる気はあっても、**へらへらしていて**、よくブチ切れました。
（男子　進学先偏差値53）

反抗期はひどかった。毎日が戦争だった。**おやぢにはかなわない**と思っても母はなめてかかっていた。
（女子　進学先偏差値60）

反抗期はありましたが、中学に入った今のほうが実はひどいので今思うとたいしたことはなかった気がします。ただ**受験前日から生理**になったのは困りました。この時期はまだ生理も規則正しくはなく思いがけずに早まったのです。
（女子　進学先偏差値51）

6年は**本当に反抗期**でした。過去問にはつきあいましたが、勉強法についてはとやかく言わず、本人に任せていました。
（女子　進学先偏差値51）

生理はまだなかったのでひと安心。反抗期は**思いっきり反抗期**でしたので、アー言えばこう言うという状態でしばしばけんかになりました。私としても怒ってはいけないと思いながら、口の利き方など受験とは直接関係ない部分で怒ってることも多かったです。
（女子　進学先偏差値58）

反抗期に加え受験によるストレスもたまっていたので、私に対しては言いたい放題でした。でも、反抗ばかりしていても受験には立ち向かえないこと、父親に下手に逆らうと**あとが面倒**なことになる、最後に味方になってもらえるのは母であることなど、冷静な部分もあったのでまだ自分を抑えていた。
（女子　進学先偏差値58）

男の子VS女の子

野郎はアホである。アホでない子もたまにはいるが、たいてい単細胞のアホである。女である母には理解不能な別の生き物に見えてくる。モノを失くす、忘れる、日常茶飯事だ。

N研が副教材にしているメモリーチェックなる市販されている参考書がある（理科・社会用であるがコンパクトにまとめられている優れものなので、他塾の母にも信奉者は多い）。たこ太にゃいろいろ要求すること自体が無理だと悟った秋以降、りんこはこのメモリーチェックは「肌身離さず持ってろよ！」ってほど大切な書物であった。しかし結果として、りんこはこの参考書の社会バージョンだけでも3冊買ったのだ。「3冊も繰り返しやったのね～⁉ たこ太君ってすごい！」では全然ない。いや、確かにある意味すごい。繰り返し失くしてくださったのだ。しかも「ない！」という事実すらわからない。

1月の20日過ぎだったと記憶するが「メモリーチェックのテストをしてやれ」と思い立ったりんこはたこ太に言った。

「メモリーチェックを出しなさい」

彼はひと言こう答えたと思う。

「ねー」

りんこが問いかけられたのかと錯覚するほどの短い言葉で彼はなくした事実を伝えてきた。

「ないって、いつからないの？」

「分かんない。ずっとないような…」

皆さま、いいですね？　時は本番直前。命の次に大事にしろよ！　ってくらいの参考書の存在をなくなったかどうかも分からない、いつからないのかも分からない、そんなことで2月1日が迫ってくる恐怖。どんなジェットコースターよりも怖い。そればかりか「モノを失くす、忘れる、記憶喪失」…ありとあらゆることが起こった。プリントもゴッチャゴチャ。しかし、多くの野郎はこんなもんらしい。片付けができないとか、字が汚いとか、ファイルするという能力が欠落しているとか、モノがないことにも気が付かないとか（たこ太はかなりひどいと認めざるを得ないが）、そういうことが即、成績に反映されるかといえば、受験に関してだけだが関係なさそうなので、男の子の母よ、安心していい。

そういう意味も含めて男の子は単純ゆえに可愛い。このため一度のせるとオオバケしていく子が多いのもまた事実。泣きながらでもなんでも「（受験は）やめない！」と頑張っていく子も男の子にまた多い。

一方、女は腹立たしい。ひと言言えば百も二百も返ってくるし、なんかわけわからん理論をふりかざしてきて、挙句の果てに「ママが悪い！」と逆切れだ。成績は気にするくせに勉強しない。「テストが悪いのは全くやらなかったせいよ。やればすぐに成績は上がるのよ」

分かってるなら「サッサとやれよ！」と言いたくなるが、これが努力なんて大嫌いときてるから処置なしだ。たまに机に座ってる！　と喜んでのぞいてみたらテキストをラインマーカーでチェック中。「塗り絵完成、大満足」という子も実に多い。

さらに男の子に「国語拒否症」が多いように、女の子は「算数わからん病」にかかりやすい。算数が得意じゃなくても、せめて苦手じゃなかったら…と思う母も大変多いのだ。やはり受験の決め手は男女を問わず

「算数」にあると聞いたりすると、その不安感たるや察するに余りある。しかし算数に関して言えば、何を隠そう、まず母が分からない。母が理解不能に陥るのに、どうして娘に分かる感覚を伝えられよう？　これは所詮無理な話じゃなかろうか。女は脳の構造で「地図を読む」などの行動が苦手であるという説があるが、我が子が立体図形をイメージできないと知ることは、親にとって相当なダメージなのだ。

だいたい「父の体重は73・8kgで母の体重は61・5kgです。父の体重は母の何倍ですか？」の問いかけに「何？　このオバサン、太り過ぎだよ。絶対、やばいって！」などと思考が算数に発展しないのが女の子というものなのだから、これはできないのも無理はない。

結局、息子にしろ娘にしろ、めんどくさいし、頭に来るし、も〜、どうでもいいから早く受験終われ！と叫びたくなるが、寝顔を見れば最上級の可愛さだ。この子のためなら、母はきっと何だってできる。

さあ、乗りかかった船だ。とりあえずゴールまでは頑張ろう。

教訓

男でも女でも大変なのに変わりなし

母と子の壮絶バトル

塾の先生は言う。受からないとか受験やめろとか言ってはいけないと。でもやる気のない息子を前に、ああ言えばこう言う娘を前に、親はがまんできない。とてもじゃないけれど、ニコニコ微笑んで優しくなんてできやしない。今日も今日とて母と子のバトルはあちらこちらで繰り広げられている。受験がなかったら、きっともっと穏やかに過ごせたろうと思うと、母の胸はちくりと痛い。

受験終了組
母たちのケース

「子どもに言われて頭にきた言葉は何ですか」

中学受験を体験している母親に対して「じゃあママは小学校のときに**この問題解けたの？」**

（男子　進学先偏差値64）


え〜〜っもう無理、はいはいはい、分かってる、あっちいって。

（男子　進学先偏差値47）


もういいよ…**どうせできないもん**　俺はバカだから…。

（男子　進学先偏差値52）


いっぱいありすぎて…「くそばばあ」「うるさいんじゃ」「やる気なくすようなこと言うな」（何も言ってないんですが）**「お母さんがいるから勉強できない！」**ｅｔｃ「どうせ…」「俺はバカだし」「できるわけないじゃん」「何で勉強しなきゃダメなの」

（男子　進学先偏差値41）


「ちゃんとやってるよー」（やっちゃいねーのに）。

（男子　進学先偏差値53）


「わ〜かってるから！　わ〜かってるから！」と逃げ出す。口癖というより、すぐ**ふーんふーん！　きーきー！**言う態度やちょっとしたことでベソベソ泣く態度に腹がたちました。

（女子　進学先偏差値44）


「**今やろうと思っていた**のに、やれって言われるとやる気がなくなる」「分かっていたんだけれどなあ。十と一間違えただけだよ」（算数の一番最初の計算問題を間違えたとき）。

（男子　進学先偏差値65）


うっさいなあ、ほっといて。

（女子　進学先偏差値51）

「親が子どもに言い放った言葉で一番強烈だったのは何ですか」

やる気がないんだったら、受験なんてやめちまえー！　おめーのせいで**金かかってるんだぞー！**無駄金遣わせるんじゃねぇー
（男子　進学先偏差値53）

脳みそ詰まってるんだから、**けちらず使え！**
（男子　進学先偏差値60）

自分の**都合の悪いことは忘れる**主義なので、あまり覚えていませんが…。「何べん言えばわかるだ?!!」「いいかげん覚えろ!!」程度のことでしたら毎日（今でも）…。
（男子　進学先偏差値61）

「おまえは**私立には向かない！**」自己管理できないことにぶち切れて。退塾届けも2回書いた。
（男子　進学先偏差値59）

おかあさんが出てってやる〜っ!!!（最初出てけ〜って言ったけど出ていかなかったから……）。
（女子　進学先偏差値58）

別にいいんだよ、ず〜っと塾に通った挙げ句に**公立に行けば**。
（男子　進学先偏差値64）

お前はアホか！　家畜以下。
（女子　進学先偏差値58）

そんなんじゃ、ぜっーーったい第一志望なんか**受からないよ!!!**
（男子　進学先偏差値58）

「**子どもは嫌い**なの」風呂場の壁に穴を開けた（怒った私が…）。
（男子　進学先偏差値60）

●塾はこうみる！

親のかかわり方については基本的にどの学年でも、主人公が子どもでそのサポートをするのが親というスタンスは変わりません。分からないところを教えるではなく、分からないところをどうすれば分かるようになるかを教えてあげるのが親の役割の一つだと思います。親は子どものコーチ役なんですね（中萬学院）。

りんごエッセイ

誰もが言った子どもをつぶす魔法の言葉

子どもの口癖で一番多いもの。これはもう男女を問わず「分かってるッ！」である。この文字の周りに可愛くない態度がてんこ盛り。このフテブテシイ態度が母の業火に油を注ぐ。

「分かってるなら何で毎回同じことを言わせせんだ！　バカか、オマエは？」

こうなるともうボヤでは済まない、全焼状態突入だ。さらに油に火を注ぐ「うるさい！」のひと言。全くうるさいとはなんだ、親に向かってうるさいとは！　返事はまず「はい」と言え！　「はい」と！

しかしこれだけ母が激しく燃えているというのに子どもはどうだ、その尻に火がつく様子もないと来る。「ふ～ん、ふ～ん」「はいはいはい」とか言う、人をバカにしくさった態度をとられると、もうダメだ。

一方、口答えでなくても腹立たしいことがあると聞く。女の子によくあるケースだが、真面目ゆえに宿題が終わらず、塾に行けないとメソメソ泣いたりするらしい。

「そんなこた、どーでもいーんだよッ。塾に行くほうが先決だろーが？」

と、なだめすかすも手に負えない。ちょっとしたことにイジイジジュクジュクする態度に心底切れる母はたくさんいる。

りんごも不安だった。「言うまい！」と決意すればするほど「お母さまが子どもを潰したいときに用いる魔法の言葉」が出るは出る。何かの呪縛霊でも取りついているのかと思うほど、力強い男言葉がこの口からスラスラとよどみなく出る。塾も言う。お受験雑誌も言う。各種体験本も言っている。成功したみんなが言っている。「お母さまが上手に励まして」「親は感情を子どもにぶつけない」「むやみやたらと怒っていませんか?」「焦らずゆっくり見守って」「具体的に誉めましょう」……「できてねー‼ どれもこれもできてねー‼」

たこ太はきっと全落ちとなり、こんな生活を強いた母を恨み、どうしようもない転落の道を歩む。そしてひと言「テメーのせいなんだよッ!」と捨て台詞を残し夜の街へ消えて行くのだ! あたしのせいだ! 何もかもあたしのせいなんだ!

じゃあ、言わなきゃいいじゃん! って思う。思うよ。だけど、出るんだもん。どーすりゃいいのさ、このあたし?(by藤圭子)ってほど、あたしの人生、暗かった。

「たこ太。母を恨むな。こんな母の元に生まれてきた身の不運を恨め」

りんこはアンケート調査にこの項目を控えめに入れてみた。みんなが「あたくし、そんな言葉、ひと言も申しませんことよ。おーほほほ!」なんて書いていたら破って捨てちゃるわ!

…結果が出た。りんこは小躍りするほど喜んだ。

「オマエみたいなバカ見たことない」「受験やめちまえ!」「金、返せ!」「アン? 公立にするか?」「いったい誰のせいでこんな思いしてると思ってるの?」「家の子じゃない!」「一回、死ね!」「偏差値上げなきゃ受かんないんだよッ」「死んじゃえっ!」

バカさ加減に怒るより情けなさが先に立ち、子どもの前で号泣する母。ゴミ箱に捨てられたテキスト、ビリビリに破かれたテキスト、母の武器と化すテキスト(丸めて子どもを殴るため)。テキストも印刷された当時は自らの運命がこんなになるとは想像もしてないだろう、アーメン。

りんこ、大いに我が意を得る。「なんだ、あっしなんて可愛いもんじゃない! 足元にも及びませんわ~!

オーホホホホッ！」

さらにりんこは統計分析を始める。

「おおおぉ？　偏差値が高いＴＯＰ校に行かせれば行かせるほど受験勉強中に酷いこと言ってる！」

なんだ、こんなこったらもっと怒鳴っていればＴＯＰ校に行けたのに⁉　しかし、待て。あっしもこれほどではなかったが言ったのもまた事実。ま、まずい！　おそるおそる息子に聞いてみる。

「たこ太ちゃん、ごめんね。母のこと恨んでる？」

「ヘッ？　何が？」

きゃー、良かったわ〜。記憶の彼方に行っちゃってるのねー？

だから全国のお母さん。子どもは理不尽に怒られたことを忘れているわけではない。忘れているわけではないが、ただ、これが母の日常の姿なので朝起きたらトイレに行くがごとく、それが普通の日課なだけなのだ。急にやさしくなったほうがもっと怖い。隣も隣もそのまた隣も吠えている。あなただけが吠えているわけではない。大丈夫、あなたの子どもは慣れている。

教訓

怒らなかった母をいまだかつて見たことがない

やる気は いずこ？

待っても待っても出てこない、子どものやる気。親のやる気指数と子どものやる気指数には果てしない差がある。親からみればもの足りないのが子どものやる気。志望校が決まれば出てくるのか、それともこのまま出ずに終わるのか。小学生にやる気を出させる方法が分かったら、母よ、ノーベル賞も夢じゃない。

受験終了組 母たちのケース

「どんなときにやる気のなさを感じましたか、またいつごろからやる気が出てきましたか」

初めの1年はまったくやる気のない状態。最後の一ヶ月は何かが取り付いたかのようにやる気になりました。このやる気が最初からずーっと続いていればさぞ上位校に行けたろうと思ったほどです。**塾の雰囲気が受験モード**になっていったころ、成績が上がったのが転機になりました。

（女子　進学先偏差値51）


常に淡々としていて、他人からは全くやる気のない子に見えていたかも。それでも志望校の過去問だけは誰が言わずとも真剣に取り組み、嬉々としてやっていたように思います。学校の先生は、「**どんな子でも**1月以降は**目の色が変わります。**まあ、目の色が変わらないのも学年に2、3人いますがね」とおっしゃいましたが、わが子はその2、3人の一人でした。

（男子　進学先偏差値64）


学校から帰って、すぐ息つく間もなく仕度して出かけなきゃいけないときに、だらだらと言うのが年間を通してありました。夏の天王山とか12月は正念場とか夜1時まで勉強しているなんて聞くと、**なんて我が子は不甲斐ないんだ**と怒っていたけれど、そんな子は実はごく一部。マイペースなほうが、本番でもマイペースを維持することができて良いくらいに構えていればいいんだと思います。

（男子　進学先偏差値66）


土曜日は学校がないので、さぞや集中して勉強の時間が取れるだろうと思ったのですが、本人がのほほ〜んとしている姿をみて、**やる気ナシ！**と思った。

（男子　進学先偏差値45）

やっているふりをして、**試験直前でもマンガをかくしもっていた。**ふりかえると、やる気の自覚は最後までなかったような。
（男子　進学先偏差値52）

やる気がないと感じたときもありませんが、とくにやる気満々ということもなく、**常にマイペース**に課題をこなすという感じでした。
（女子　進学先偏差値58）

やる気のなさというより**実感がまだ湧いてないな**と感じることはよくありました。ただ夏休み以降は実感が出てきたと思います。一番やる気になったのは2月4～6日でした。
（男子　進学先偏差値60）

やる気のなさを感じたのは長女は国語などで間違えた問題を私と二人でやり直しているとき、なかなか正解にたどり着けず、投げやりな態度になったとき。答えまる写し疑惑発覚のときも感じました。次女は時間になってもなかなか勉強を始めず、やっと机に向かったと安心していたら**問題を解きながら寝ていた**とき、ですね。
（女子2人　進学先偏差値共に58）

11月ごろ、ダラダラやっているので、**怒鳴り散らした。**それ以降、やる気が出てきたと思います。
（女子　進学先偏差値56）

常にやる気がない！息子でした。たまーに好きな分野だったりすると、もくもくと30分くらい集中して取り組むことも…でもそれが限界、わき目も振らずに、なんてことはいまだかつて一度もないかも…。
（男子　進学先偏差値47）

りんごエッセイ

60億分の一の価値

受験勉強の日々の中で一番腹立たしいことは実は成績不振では、ない。偏差値が上がらないということは激しく憂慮する問題ではあるけれど、腹立たしいのとは別である。では、何に親がブチ切れるのかと言えば、これはもう子どもの「やる気のなさ」にほかならない。

まず自分から進んで勉強しようとしない。親が言わないと何もやらない。見張っていないとさぼる。ちょっと注意するとふてくされる。やってないのをとことんごまかす。そして挙げ句の果てはウソをつく。ましてやウソが発覚しようものなら、なんとか言い逃れしようとウソにウソを重ねる悪循環。言い訳ばかりで、何かのせいにしてみるのも、子どもらの専売特許だ。

だいたい早く塾に行かなくては間に合わないのに、いっつもダラダラ。何をするにもグズグズ状態。受験日というものが確実にあって、それが着実に迫っているのに、何もできていないというこの事実。母が声のトーンを上げずして誰が上げるというのじゃ。

りんごは一生分の怒りのエネルギーを使い果たしたと思うほど毎日毎日、嫌になるほど怒っていた。おそらくこれを読んでいる母も多かれ少なかれそうだろう。でも安心していい。

偏差値55♂（進学先）の母もやっている。ひとりで家にいるときに「勉強はやった」と息子は答えた。信じていたのに実は3時間もゲームをやっていたとのちに発覚。母は脱力感で受験をやめようと真剣に思ったのが6年晩秋のことである。

それから偏差値64♂（進学先）はこうだった。ときは1月。過去問を解くと言って部屋に消えたが見に行ったらマンガを読んで笑っていた。母は椅子を蹴飛ばし何かを怒鳴った。帰宅したオヤジが目にしたものは部屋で泣きじゃくる息子と、風呂の中、裸で号泣する妻の姿であったという。

偏差値63♂（進学先）もやったのだ。「クリスマスプレゼントにゲームソフトが欲しい。ゲームがしたいから受験をやめたい」と言われブチ切れた。当たり前だ。受験本番まで3週間。何を考えているんだ！　状態だ。

女の子だって負けてはいない。偏差値52（進学先）の子はこうだった。成績がパッとしないのにタラタラ勉強をやるので頭には全く入っていかない。その姿を叱るとじっと母の顔を見つめるだけ。言いたいことがあるならサッサと言えよ！　と親はなる。今度はジクジク泣きで時間ばかりが過ぎて行く。

高偏差値の子でもこうなのだ。この期に及んでも「やる気」が見られないとか「本気モード」には程遠いと思う母が大半で、受験勉強の9割の日々がその思いとの葛藤の日々である（受験直前にだけ残り1割の本気の日が必ず来る。その日を楽しみにしよう）。

考えてみれば子どもだって、こんなに毎日毎日、課題に追われ息つく間もない日々の連続だなんて想像もしなかっただろう。母だってそうだ。「こんなに、こんなに大変なものなの？」でも、どの親だって「やりかけたもの」は「完結」して欲しい。途中であきらめてくれるな！　と願っている。受験勉強とは関係ない同い年の子と比べれば、信じられない拘束時間だ。

分かってる、分かっているよ。頑張っていないわけではない我が子に、これでもか！　と迫っていく自分が哀しい。この矛盾を誰よりも母自身が感じているから余計に辛い。前述の裸で号泣していた母の話だ。驚いたオヤジが息子の部屋でなにやら話し合いをしたらしい。お風呂から上がってきた母に息子は正座して「心を入れ替えて頑張ります」と言ったという。クリスマスに塾をやめたいと言った息子に怒り狂った母は切羽詰って塾に相談した。塾の先生は冷静に「模試の結果が返る日ですね。ひょうひょうとして見えても気にしているのでしょう。彼と話をしてみます」と言ったそうだ。何も考えていないような子に見えたとしても、年が明けてしまうのに、やる気が感じられなかったとしても、一番身に沁みているのは子ども自身だ。

でも、これらを踏まえてもりんこは言おう。母が怒らずして誰が怒るのか？　夢の中にいるかのように現実逃避をしている我が子を起こすのはほかでもない、あなた自身だ。約60億もの人間が地球上に暮らしている。こんなに人がいても我が子を怒鳴り散らすことができる人はあなたしかいない。情けなくて、哀しくて、切なくて、そんな母の気持ちを子どもは多分丸ごと分かっている。大丈夫。やる気がないのはみんな一緒、怒鳴ってしまうのも、みんな一緒だ。

りんこは思う、今受験直前の母たちよ、安心して思い切り怒鳴っていいよ。

教訓
やる気のなさはみんな一緒

あと100日、とにかくこれだけやんなさい

いよいよカウントダウンが始まってしまった。あと100日、たったの100日、泣いても笑ってももう100日しかないのだ！　どうしたらいいの、何したらいいの？　母の不安度合いも最高潮。残り100日、もうこうなったら最短最速、これだけやればいいという秘策を教えてほしい。「苦しみも残り100日、最高潮」（母・心の叫びより）

受験終了組
母たちのケース

「あと100日、アドバイスするとしたらここから何をすればいいですか」

まずは**過去問**をやりこむこと。**あれもこれも手を出さないで終わりきれる目標を立てる。**例えばメモリーチェック。2回は終わらせるとか、カリテ公開の直しだけは絶対やるとか。計算と漢字だけは毎日やるとか。入試の前の日、「これだけやったよ」と積んで見せるための用意です(笑)。これは効果があったと思う。
(男子　進学先偏差値66)

過去問かな？　過去問でも、塾の勉強でも、弱点補強でも何でも良いとは思います、**何か一つコレ!**っていうものを決めて悩まないことだと思います。親が悩むと子どもも悩みます。
(男子　進学先偏差値66)

焦らずに基礎に戻る。どんなに焦って応用問題に向かっても、つまづいている足元の石をどけなければ先に進めない。
(男子　進学先偏差値54)

過去問は出題傾向を知るうえでは有効だが、確実に言えることは**同じ問題が出ることはない**ということ。あまり振り回されないほうがいい。
(女子　進学先偏差値62)

やっぱり過去問でしょう。あとは知識を増やすため、「メモリーチェック」や「4科のまとめ」。
(女子　進学先偏差値69)

過去問もそうですが、やはり重要なのは基本だと思います。Yの場合、「4科のまとめ」という教材がありました。これをやることで自分の弱点がわかり、そこを集中的に復習するという感じでしょうか。あとは、さまざまな模試（塾系列以外のものも）を受けて**冷静に、客観的に自分の位置を知ること**です。

（男子　進学先偏差値64）


ここまで来たら、**カリテや模試の結果に動揺せず**（もちろん見直しはいつもどおりやる）志望校は極力変えずに、過去問&志望校対策をしっかりやるべきだと思います。

（男子　進学先偏差値61）


やっぱり過去問でしょうね。それと**捨てていい問題を見極める力**をつけること。全部なんてできないんですから！

（男子　進学先偏差値58）


過去問と模試の間違えたところの単元を**いろいろな問題集から拾って**数をこなすことです。

（男子　進学先偏差値52）


N研に行っているなら、塾からの課題をこなすこと＋過去問。行ってないなら**算数は数こなせ**。あとは**漢字と暗記**だ。

（男子　進学先偏差値60）

● 塾はこうみる！

あと100日まずは落ち着いて行動することだと思います。間違っても新しい分厚い教材には手をつけるなと生徒には言っていました。国語以外は反復練習をすすめています（明光義塾）。

りんごエッセイ

催眠術にかかりたい

塾に「100」という数字が掲げられた。その数字は毎日確実に若返っていく。りんこ、はて何だろう？とのんきに思っていた。ある日、近寄って見てギョッとした。もしかして2月1日から逆算している数字かえ？　大正解だった。小さな文字で「本番まで～日」とちゃんと書いてある。背筋が凍った。もうこれだけしかないのかと愕然としたのだ。

夏も天王山と呼ばれていたのに、山登りをしたような記憶もないどころか、今、順調に下山している。学校行事もなんだかんだといろいろあって鬼の目から見ても「たこ太は本当に疲れているなー」と感じることのほうが多い。何ひとつ、これをやったというモノもなくフルスピードで陽が短くなっているだけ。ただ、今はもう受験そのものをここまで来たらやめられるわけもなく「絶対、どっかの私立に突っ込むんだ！」という気持ちと「可哀想で見ていられない」気持ちが交錯し、誰かのほんのちょっとしたひと言にひどく落ち込む。そのころだった、塾から100日スケジュール表を具体的に出せとの指令がきたのは。室長はそのスケジュール表を渡しながらこんな話をした。

「秋は学校行事で忙しい。でも忙しいほうがかえって集中力がついていいんです。親御さんは教室に健康状態と学校行事も含めたスケジュールを伝えてください。目前の成績に一喜一憂する日はもう終わりました。目標は合格です。今の成績ではない。長い目でみるときがきたんです。いいですね、役割分担をしましょう。塾がやること、親がやること。これから塾は合格を勝ち取るためのテクニックも含めてより具体的に学習を強化していきます。お母さんはそのバックアップに回ってください。

これからの時期は逃げたがる子が多い。カーッとなるでしょうが、子どもはやらなければならない気持ちは持っています。でも何からやればいいのかまでは分からない。そこで短い周期で達成感が出るようなもので、何をやるべきなのかアドバイスしてあげてください。

そのためにもまず、子どもの気持ちを感じて欲しい。ご自分の気持ちは置いとくんですよ。まず無条件にわかってあげる。『頑張れ!』ではなく『辛いんだよね』って言ってあげてください。

12月、1月に変な動きを見せるようなシグナルが出たら、そう、突然笑うとかチック症状が激しくなるとかですね。そんなときは過去問はやらない。過去問はモチベーションが高くないとできないんです。そういうときはひたすらできそうな問題をしっかりやりましょう。子どもの気持ちを乗せていくために、子どもに対してできる『何か』を実行してみてください」

そんな折り、本部からその日だけ教室説明会にいらした先生がいた。りんこは初対面だろうと何だろうと何かにすがりつかずにはいられない。塾の先生と話すことで、どうにか落ち着きを取り戻したかったのだ。

「不安なのはお母さん、誰しもが不安です。でも今日、僕はお母さんに秘策を授けましょう。これからはね、催眠術です」

はい~?　あっしはねー、疑り深い女で、そんなモンには引っかかりませんのじゃ。無理だよ、無理!

「あなたがかかってどうするんです?　いいですか、お母さん?　かかるのは、あなたの息子さんのほうです。あなたがかけるんです」

ヘッ?　催眠術を息子にこのあたしがかけろとおっしゃる?

「お母さん、帰ったら、まず息子さんに『先生がオマエはこれからだって言ってたよ』と声をかけなさい。実際ラスト2ヶ月で偏差値が8上がる子はザラにいます。すべてこれからです。さらに言えばラスト1ヶ月、いや2週間でも、ものすごい伸びを示す子どもはたくさんいるんです。あなたがその前にあきらめてどうするんです！　子どもがあきらめたとき、それは『俺は無理だ！』とか『俺はどうせバカだから』とか思い込んだときですね、そこで受験が終わります。変にあきらめた瞬間、もう止まってしまうんです」

「あなたは最後の最後のそのまた最後の瞬間まで『これからだ！』と言いなさい。やることさえやっていれば、必ず伸びる。息子さんに『アンタ国語できないねー』なんて言わないんですよ。『やってる甲斐があるね。前に比べたら読解力は確実に上がってるよ！　この調子ならいけるよ！』って言い換えするんです。その催眠術こそが、これからの威力の源になるんです」

はあ〜。どの先生も結局同じことを言っている。「ホント、国語できないよねッ！」と、さっきたこ太に念を押したばっかだよ…。正論は分かれど、実行することはなにひとつできず、余計に凹んでしまっていた100日前だった。

○教訓

あと100日を引っ張り抜くのが母のつとめ！

へぇ〜なタイムスケジュール

100日を切ってしまったいま、あれもこれもできていないのが気にかかる。この時期、みんなどのくらい勉強しているの。量より質だ、時間より集中力だ。わかっちゃいるけど、やってもやっても不安が募る。やらなきゃいけないことが多すぎて、いくら時間があっても終わりゃしない！

この時期みなさんのタイムスケジュールにてお知恵拝借したいのです。

女子　進学先偏差値58のケース

	月	火	水	木	金	土	日
7時	起床	起床	起床	起床	起床	起床	起床
8時	学校	学校	学校	学校	学校		
9時	↓	↓	↓	↓	↓	算数	算数
10時	↓	↓	↓	↓	↓	↓	↓
11時	↓	↓	↓	↓	↓	↓	↓
12時	↓	↓	↓	↓	↓	自由時間	自由時間
13時	↓	↓	↓	↓	↓	↓	↓
14時	↓	↓	↓	↓	↓	↓	↓
15時	↓	↓	↓	↓	↓	↓	↓
16時						算数	算数
17時	国語（算数）	国語（算数）	国語（算数）	国語（算数）	国語（算数）	↓	↓
18時						↓	↓
19時	夕食 自由時間	夕食 自由時間	夕食 自由時間	夕食 自由時間	夕食 自由時間	夕食 自由時間	夕食 自由時間
20時							
21時	国語（算数）	国語（算数）	国語（算数）	国語（算数）	国語（算数）	社会（理科）	社会（理科）
22時	社会（理科）	社会（理科）	社会（理科）	社会（理科）	社会（理科）	↓	↓
23時	風呂 就寝	風呂 就寝	風呂 就寝	風呂 就寝	風呂 就寝	風呂 就寝	風呂 就寝
24時							

※模試のみで通塾なし。N研の冬期講習（国・理）のみ受講。

男子　進学先偏差値61のケース

	月	火	水	木	金	土	日
7時	学校	学校	学校	学校	学校	起床	起床 理社復習
8時						栄光マスター メモチェ	・カリテ ・日特
9時						自由時間	
10時						過去問 （一科とか）	
11時						自由時間	
12時						本科（算数） の宿題	
13時						塾 （補習講座 含む）	
14時							
15時		栄光マスター		栄光マスター			
16時	栄光マスター メモチェ	塾	栄光マスター メモチェ	塾	栄光マスター メモチェ		
17時	塾 （志望校 対策講座）		・カリテの 見直し ・過去問		塾 （記述講座）		夕食・マンガ
18時						夕食・マンガ	
19時							
20時						・栄冠への道 ・カリテ対策で 理社見直し	・栄光マスター ・テスト直し ・過去問か 積み残しの 課題を片づける
21時	算数 プリント（共通）	栄冠への道		栄冠への道	算数 プリント（共通）		
22時	漢字・語句 風呂 就寝	風呂 就寝	風呂 就寝	風呂 就寝	漢字・語句 風呂 就寝	風呂 就寝	風呂 就寝
23時							
24時							

※日特はN研のひたすら過去問を解く講座。／カリテは「カリキュラムテスト」のこと。／メモチェは「メモリーチェック」のこと。／栄光マスターは志望校対策問題集。

男子　進学先偏差値60のケース

計算	その日のをやる
漢字	その回のを10回ずつ書く

	月	火	水	木	金	土	日 A	日 B
7時								
	起床	起床	起床	起床	起床		起床	
8時	学校	学校	学校	学校	学校			
9時	↓	↓	↓	↓	↓	起床	カリテ	起床
10時	↓	↓	↓	↓	↓	計漢 栄冠	↓	公開模試
11時	↓	↓	↓	↓	↓	↓	↓	↓
12時	↓	↓	↓	↓	↓	自由時間	↓	↓
13時	↓	↓	↓	↓	↓		日特	自由時間
14時	↓	↓	↓	↓	↓		↓	↓
15時	計漢 算プリ でる順	計漢	計漢 算プリ でる順	計漢	計漢・栄冠	塾	↓	↓
16時		自由時間		自由時間	↓	↓	↓	↓
17時	自由時間	塾	自由時間	塾	自由時間	↓		
18時	↓	↓	↓	↓	↓	自由時間	自由時間	過去問
19時	↓	↓	↓	↓	↓	夕食	夕食	
20時	父能研（テストの見直し）	↓	父能研（テストの見直し 栄冠への道 理科）	↓	父能研	父能研	父能研	
21時	↓				↓			
22時	↓	父能研（社会）		父能研	↓	計漢	計漢	
23時	風呂 就寝	風呂 就寝	風呂 就寝	風呂 就寝	風呂 就寝	風呂 就寝	風呂 就寝	
24時								

※計漢は「計算と漢字」のこと。／算プリは「算数プリントのこと」のこと。／でる順は「でる順漢字」のこと。／ 父能研は父が教えること。

男子　進学先偏差値65のケース

	月	火	水	木	金	土	日 カリテの日	日 公開模試
7時	計算と漢字 朝刊を見る	計算と漢字 朝刊を見る	計算と漢字 朝刊を見る	計算と漢字 朝刊を見る	計算と漢字 朝刊を見る	計算と漢字 朝刊を見る	計算と漢字 朝刊を見る	
8時							カリテ（答え合わせは塾で友だちと弁当を食べながら）	公開模試
9時〜16時	学校	学校	学校	学校	学校		↓	↓
12時	↓	↓	↓	↓	↓		↓	自由時間
13時	↓	↓	↓	↓	↓	塾	↓	↓
17時	自由時間	塾	自由時間	塾	自由時間	↓	間違えた問題のチェック	過去問
18時	授業でやり残した問題を解く	↓	授業でやり残した問題を解く	↓	授業でやり残した問題を解く	復習	↓	↓
19時	↓	↓	↓	↓	↓	自由時間	自由時間	自由時間
20時	夕食	↓	夕食	↓	夕食	夕食	夕食	夕食
21時	栄冠への道 算数プリント ※11月半ばからは栄冠への道の代わりに過去問と塾で配布されたプリント	復習 ※復習はノートをさらっと見る程度。社・理に関しては母が適当に質問する。	栄冠への道 算数プリント ※11月半ばからは栄冠への道の代わりに過去問と塾で配布されたプリント	復習 ※復習はノートをさらっと見る程度。社・理に関しては母が適当に質問する。	栄冠への道 算数プリント ※11月半ばからは栄冠への道の代わりに過去問と塾で配布されたプリント	カリテのための総チェック	過去問（11月より）	過去問（11月より）
23時半〜24時	風呂 就寝	風呂 就寝	風呂 就寝	風呂 就寝	風呂 就寝	風呂 就寝	風呂 就寝	

※「栄冠への道」はN研家庭学習用問題集のこと。

りんこエッセイ

カメの歩み

人様のことが妙に気になる。人は人で自分は自分で、人の真似をしたってどうにもこうにもなんともならないってことは十分承知のはずなのに。やっぱり気になる。みんな、どのくらい勉強してんのかなー？　きっとすっごくやってるんだろうなー。こんなに鬼みたいに怒ってないんだろうなー。子どもだって自分から進んで勉強してるんだろうなー。ウッ、知りたい。で、聞いてみた。

「家？　全然よ。やってるわけないじゃない。もうホントに大変なんだから…」

すっごく安心した。カリテ（毎週の復習テスト）が返ってきた。

なんと教室優秀者にその子の名前が載っていた。すっごく凹んだ。気を取り直して他塾のママにも聞いてみた。

「過去問？　全然進んでいるわけないじゃない！　合格点なんてとんでもない…」

すっごく深いため息をついている。おお！　これは間違いない。りんこは喜ぶ。

「同じじゃん！　過去問なんて進みようがないわよねー？」

たこ太が何気なく口にする。

「アイツさー、昨日、夜中の1時までかかって過去問やったんだって。かなりいい線いったらしいよ。すっげー、根性あんだよな、偉いよ！」

都内の名門と呼ばれる学校の過去問だった。ハンパなく沈んだ。かように人の口は当てにならない。別にその人たちもウソをついているわけではない。ホントに「やってなく思え」、真剣に「合格点なんてとんでもない」と思ってのことだ。ただ、ベースがりんこと違っていただけの話で目標値のたて方が遥か上だっただけにすぎないのだ。

ただ、受験期間中にこれを聞くと、かなり応える。「あ〜、家はダメだー！」と勝手に自分で自分を追いつめていくのだ。なんと悲しき性だろう。

でも、でも、それでもどうしても気になる母もいるだろう。よっぽど仲が良い母同士は別かもしれないが、現役で戦っている人は絶対がつくほど教えてはくれない。意地悪とかそういうハカリではなく、本当に言うに言えない心境なのだ。なので、りんこ、聞いちゃいました。卒業母たちのスケジュールだが、ものすごく正直にあるがまま答えてくれている。

ただお願いがある。これを見る前に自分の心に強い一本の柱をたてて欲しい。

「参考にするけれども惑わされない」

これが大事だ。「この方法がイケルかも⁉」と思えば、そのままお借りするところはお借りする。「家には向かないなー」と思えば一参考意見として忘れてしまおう。よその子はあくまでよその子であって、我が子とは塾も志望校も現時点での成績も親の考え方も性格も全く違う。環境がまるごと違うのだから、誰かと同じにやろうとすること自体が無意味であると心に強く刻んでから見て欲しい。それでなければ、あなたが苦しくなるだけだ。

りんこがさまざまな母たちのスケジュールを見ながら感じたことを書いておこう。

「高みを極めた学校」を志望していようが、「そこそこなんだけどハートは熱いのよ」ってとこを志望していようが、ここには共通点が存在する。「基礎が大事」ということである。

わかりきっているような話だが、やっぱり最初から最後まで「基礎ありき」なのである。算数なら計算問題を地道に毎日解いている。国語ならば毎日「漢字」を書いている。この2科目・2分野だけは、何が起ころうとも毎日やっているのだ。時間にすればわずかなものだ。5分から30分といったところだろう。でも確実にやっている。偏差値には関係なく、こういう毎日毎日の地味な味気ない意味がなさそうなものの積み重ねが意外と強い武器になる。

「うさぎになれ!」と親は飛躍的な伸びを期待するものである。しかし現実もおとぎ話とさして変わらないのかもしれない。「カメ」のようで歩みがのろいとイライラしても、昨日よりも今日、ほんの何ミリでもいいから希望する学校の門を目指して前進しよう。そしてときどきでいいから親子で確認するといい。

「(できてないけど)とりあえず、これだけやってきたよねー!　すごいじゃん!」

教訓
隣の子のスケジュールは立派に見える

ゲームもテレビも消えた日

人間せっぱ詰まってくると、どんどんストイックになっていく。追いつめて追いつめられて、もうやるしかないという心境になってくるのだ。あんなに好きだったゲームもやめて、あんなに見たがっていたドラマもやめて。本当にこれでいいんだろうか。もう早く終わってくれ〜、こんな生活!!　思い切り寝て思い切り遊ぶ、そんな生活があぁ懐かしい。

受験終了組
母たちのケース

「受験モードに入っていくなかでやめていったこと、制限していったことは何ですか」

ゲームは自然としなくなった…というか、時間的にそんな余裕はなくなってしまった。「水の中が落ち着く」という理由で、スイミングスクールは週1回程度6年の11月まで本人に体力的に余裕があるときだけ通っていた。**疲れない程度なら気分転換**になり良かったと息子は言っている。

（男子　進学先偏差値54）


ゲームを封印したのは6年の12月になったとき（それまでは課題を終えたら30分だけ許可していたが、本人の意思で封印した）。漫画は土曜の夜に塾が終わってから**早売りの少年ジャンプ**を読むのと、日曜の講習のあとにたまに「漫画喫茶」で漫画を読むのが唯一の楽しみだった。部屋の本棚などにコミックがあると、つい手にとって読みふけってしまうので、それは受験が終わるまで封印しました。

（男子　進学先偏差値61）


娘はとくにないです。ゲームも時間があればやってました。私は、上の息子のときに**ダイエットを兼ねて米絶ち**をしましたが、結果麺類に走ってしまいダイエットにもならず、「余計なことして負担かけないでよ」と、受験後、息子にも評判が悪かったことがあります。だからなんにもしませんでした。

（女子　進学先偏差値69）


大好きなゲームをする回数がどんどん減り、さすがに最後は**自分でも封印**していた。すべてが終わった途端、嫌になるほどゲームをしていた。

（女子　進学先偏差値62）

サッカー、水泳をやめた。ピアノだけほそぼそと続けていたが、制限したものはなし。本人も自覚していてゲーム、テレビなどは自主的に時間を決めていた。
（男子　進学先偏差値58）

テレビゲームは**友だちが来てるときだけ**と約束したぐらいです。
（男子　進学先偏差値46）

約9年間、**週2回通っていたスイミングスクール**を6年の夏休み前にやめました。水泳のお陰で体も丈夫（小学校6年間、学校を休んだのは1日だけ）、程よい運動はストレス解消にも効果的だったと思うのですが、選手コースは1度に3，000メートルは泳がされます。随分迷ったようですが、自分からやめると言い出しました。
（男子　進学先偏差値65）

12月までは塾のない月水金各2時間は友だち遊びもゲームも解禁していました。中学受験はマラソンみたいなものかも。息抜きがないと長丁場持たないと思います。12月の半ばから1月校受験まで一ヶ月のとき、**友だちと遊ぶのもゲームも禁止**しました。この間は過去問解きまくりでした。
（男子　進学先偏差値66）

ゲームを完全封印しました。子どもには「あんたが学校行ってる間に宅急便でおじいちゃんの家に送っちゃった」と言いました。下の子がこっそり隠していたゲームボーイを勉強さぼって一緒にやっていたときは、完璧に頭に来て目の前で破壊しました（金槌でゴン）。
（男子　進学先偏差値60）

アメのちムチところによりムチ

たこ太の塾で「炎の子ども会」なるものが開催された。たこ太は「俺、今日は子ども会だからスゲー遅くなる！」と嬉々として出かけて行った。彼の頭のなかにはたくさんのお菓子が踊りながら、おいでおいでをしてくれている絵が広がる。りんこも思った。

「そうだよねー。たまには塾でもお楽しみ会とかやってストレス発散しなくちゃねー」

たこ太がしょんぼりして帰って来た。お菓子が入っているはずのビニール袋も見当たらない。ウッ、ドンくさすぎてひとりだけお菓子をもらい損ねたか～？　たこ太が力なくこう言った。「先生の説教だった…」

毎月のように開かれていた「炎の子ども会」は本番が迫るにつれて先生の気合も充実度を増すものらしい。母としては、ここらあたりで星飛雄馬のような目ン玉メラメラモードに入って欲しいが、たこ太の魂が燃える様子は見られない。何回もやったはずの問題に「はじめまして」と語りかけている日々だった。

「お母さん、俺、すげー！　過去問、フェリスの算数解けちゃった！　俺、いいかも～♪」

すっごく喜んでらっしゃるとこ悪いんですけどね、アンタは男！　いくら出来ても入れないっつーの！

だいたい、イザ勉強するまでが長いよなー。整理整頓ができないから仕方ないのだが、やった！　机に向かったと喜ぶのも束の間「あれがない、これがない」と勉強している時間よりも物を探す時間のが長いんじゃないかと思ってしまう。地図、資料集、問題集の解答、いつもどこかにお散歩中だ。カリテ（復習テスト）の解答なんて家出してんじゃないかと思うくらい開封する前に既になくなっている。こんな状態でどうやって見直ししていこう?

そもそも母だって、あの大量にやってくるプリントやらカリテやら成績表の束を見るのも嫌なのだ。整理なんてできないうちから、また新しいのが押し寄せる。受験関係のあらゆる紙に首まで埋もれていきそうで余計にイライラする。

あ〜あ。自学自習ができる子を持つ母がうらやましい。そもそも、勉強をみるなんて行為、親にとってめんどくさい以外の何ものでもない。そこをこらえてだ、「こうしたら?」とご親切にもやさしくアドバイスしてやってんのに、なんだアイツは。

「家もそうよ。いちいち『私のやり方があんの!』って反抗的だったらありゃしない」と女の子ママが言う。しっかし反応があるだけまだマシだ。散々、怒って息切れ状態。酸素がなくなりボーっとする。そしたら息子は平然と「説教、終わり?」と来たもんだ。もう無反応な男にゃ諭す元気も残ってない。

どだい子育てはメンドーなのだ。勉強なんて誰もが(99・184%の子=りんこ調べ)嫌いさ。子がメンドーなら母もメンドーなのだ。

しかしだ。人生には嫌なことから逃げてばかりではいけないこともあると幼い我が子に身をもって示さねばならないときがきたのだ。6年12月、たこ太にとって3度の飯よりとっても大好きというテレビゲームを完全封印してしまった。暴れるんじゃないかと危惧していたが、あっさりと封印に応じたのでこっちがちょっと気抜けした。そのころから段々と友だちとも遊べなくなっていった。あるものといえば受験用の学習マンガ本、塾のない日の夕食にほんの少しだけ見られるアニメ。それだけだった。受験が終わって少し経ったころにたこ太は言った。

「俺、飯のときもお母さんがあれを残すな、これも食べろとかうるさかったから飯も苦痛だったな…。あのころはお風呂の時間だけがのんびり出来る時間っていうか、唯一の至福のときだったよなぁ…」

24時間の中のたった15分だけだったのかと思ったら、なんだかすごく泣けてきた。

でも勉強をしないヤツは受からない。これは、何をどう言っても明白な事実だ。受験は苦しい。母も子も苦しい。受験は最初にアメを与え、次にムチ。段々とせっぱ詰まるにつれアメの回数が確実に減っていく。アメ・ムチ・ムチ・アメからアメ・ムチ・ムチ・ムチ・ムチ・ムチ…に変わっていく。なんだか競馬のレース、第4コーナー回り最後の直線というシーンのようなムチの連続になっていく。しかしゴールが見え出し、そこに向かって鮮やかに駆け抜ける瞬間をイメージできたら、人間、不思議なもので耐えられる。生まれてこの方、母も子もずっとずっとアメ人生だったのだ。ほんの何ヶ月かムチだらけになろうとも、それはそれでいい経験なのである。

とりあえず「切なさ」は受験が終わったあとで考えよう。

教訓

ゲームを封印したら、その先にはゴールが待っている

あるなら知りたい不得意科目の攻略法

もうどうにもなんない科目がある。不得意の前に嫌いだったり、どんなにやってもちんぷんかんぷんだったり。分からなかったら基本に返れ！　ってことはわかっているけれど、母としては即効性のある勉強方法が知りたいわけで。これさえやればいつか霧が晴れるみたいに、ある日突然できるようになることってないですか。

受験終了組
母たちのケース

「おすすめの勉強方法は何ですか。すがった参考書があれば教えてください」

（国語）

漢字（**これだけが国語の得点源**。記述のない学校ばかり受けました）。①毎朝15分でやる「計算と漢字」という薄い問題集の（一日各5題くらい）のうち、漢字のほうを一週間にいっぺん、間違った漢字だけ専用ノートに書き出してました。それプラス、カリテ（毎週末の単元テスト）や模試で間違った漢字も同じノートに。それをカリテ前にもう一度やり直し。それを繰り返して、それでも間違えた漢字が貯まってきたらもう一度やり直し②志望校別日特でもらった国語の薄い問題集③後期テキストの完成語句の同音異義語、同訓異義語。
（男子　進学先偏差値66）

計算と漢字、基礎から身につく国語記述のキソ（S学研究社）。とにかく計算と漢字は毎日時間を計って規則的にやらせることです。記録をとり、正答率が上がったら、**褒めておだてること**。実力がついていることを実感させてあげること。
（女子　進学先偏差値44）

塾教材とテストをこなし、**間違えたところの復習**しかありませんでした。勉強時間と結果が連動せず、努力が表面に出てきづらい科目であることは事実です。（男子　進学先偏差値64）

国語「**記述のキソ**」で記述問題を1からやり直した。漢字は四谷O塚の漢字テストをひたすらやった。
（女子　進学先偏差値58）

新聞の**天声人語を毎日読んで**わからない言葉を調べ、その感想文を毎日書く。
（男子　進学先偏差値52）

栄冠への道（N研の自宅学習用教材）をすべてこなす時間はないので、素材文を読み、200字程度に要約をする。
（男子　進学先偏差値65）

〔算数〕

Yの問題集から代表的な問題をB6判のカードに写し、**制限時間内に**できるようになるまで、何度も繰り返しやらせる。
（女子　進学先偏差値58）

「算数は生もの！　どんなに得意でも2〜3日ほったらかしにしているとセンスも腐ってくる！」というのが私の常々の持論でしたので、1週間にまとめて5時間勉強するよりも、**毎日5分の一行問題**のトレーニングのほうが効果はあると信じて、こつこつ短い時間ながらやらせました。
（男子　進学先偏差値64）

算数は計算が大事だと思います。T杏学園の計算問題集（1ページに8〜10題を1日1ページ）を5年の夏休みには**1日4ページ**毎日やらせました。計算力がついたら算数の成績は上がりました。
（男子　進学先偏差値66）

過去問をやりこんでいくと、今まで手つかずだった算数の最後のほうの問題も、手をつけて帰ってくるようになりました。**過去問をやりこむこと**が算数克服の鍵でした。
（男子　進学先偏差値66）

算数は好きだったので、**四科のまとめ。**
（男子　進学先偏差値60）

やはり**塾教材をきちんとこなし、モノにする**ことでしょうか。何ごともそうですが、基本ができなければ応用は成り立ちません。いきなり高度な応用問題を解いても時間のムダになることが多かったので、我が家では勇気を出して原点に戻りました。結果、これが功を奏し、得意科目になったと確信しています。結果として受験直前には、塾の先生から「算数に関して、お前がわからない問題は、ほかの奴らは絶対にわからないはず。自信をもってやってこい」とまで言っていただけるステージまで上がりました。
（男子　進学先偏差値64）

〔理科〕

理科・社会は「中学入試対策　応用自在」（学研）。
（男子　進学先偏差値45）

担当の先生の1000問プリント。
（男子　進学先偏差値54）

N研のメモリーチェックの理科は**役に立った。**
（男子　進学先偏差値65）

理科、社会のメモリーチェックはオススメです。（Y系でしたが、四科のまとめは思いっきり無視してメモリーチェックをしてました）**色もきれいだし**、問題数も少ないので何度も繰り返しできます。
（女子　進学先偏差値58）

やはり**カードで覚える。**ズバピタ、カードで合格、ドラえもんの理科おもしろ攻略。
（女子　進学先偏差値58）

幸いな？　ことに父親である**私の血を受け継いだ**のか物理化学が好きになってくれたので助かりましたが、やはり教材をきちんと押さえることだと思います。
（男子　進学先偏差値64）

社会・理科はニュースなどには常に目を通すように心がけました。あとメモリーチェックはオススメです。
（女子　進学先偏差値58）

〔社会〕

メモリーチェック、どこに行くにもメモチェと筆記用具を持参し、私が**クイズのように**問題を読み上げ、息子に答えを書かせた。漢字指定の誤字にひっかからないようにチェックした。（男子　進学先偏差値54）

本屋さんで購入した「マンガで覚えよう　歴史年代」（S学研究社）、「中学受験用　メモリーチェック」（N研）、「白地図まとめノート」（J験研究社）は良かったと思います。（女子　進学先偏差値56）

最終的には過去問をたくさんやること。できれば本のままでなくコピーをとって、より**本番に近い雰囲気**をかもし出して、時間もきっちり測って、親が太刀打ちできればいっしょにやるというのもいいかと思います。最終的にすがったのは社会の「メモリーチェック」かな。（女子　進学先偏差値69）

歴史などの**内容・人物をカードで憶える**タイプのものをよく使いました（常に机の上にあった）。（男子　進学先偏差値45）

年代暗記：CDつきでJ験研究社のいいのがあります。**いまも耳についているのが**「平治には清盛とってもいい極道」というフレーズです。（男子　進学先偏差値60）

社会の歴史はとにかく**マンガ**がオススメ。すごくよく覚えた。もともとマンガ好きなので。（女子　進学先偏差値54）

問題集でできなかったところを**カードにし、覚える**。ズバピタ、歴史漫画。（女子　偏差値58）

りんこエッセイ

あたしが知りたい不得意科目の攻略法

公開模試が行われた会場での帰路、男の子と女の子が仲良く並んで歩いていた。すぐ後ろを歩いていたりんこの耳に話し声が聞こえてくる。耳をダンボにしてみると、さっき行われた模試の話をしてらっしゃる。

「俺、今回マジやばい。算数は悲惨だな。１００点いってねーよ…」

「あたしも…。三桁は無理だな。あの大問４で引っかかっちゃって、答え合わせしたら、やっぱ違ってたから。進行グラフは特訓だな」

隣でぐったりしているたこ太をつついて聞いた。「もしもし、前の子たち知ってる人?」。

たこ太は「うん。栄冠組の優子と秀男」と答えた。りんこは仰天した。栄冠組かくあるべし。ほんのさっき行われた模試の答え合わせが既に出来ている！　ということはだ、自分がどう答えたかもきちんと把握しているということか。たこ太に聞いてみる。

「アンタ、答え合わせやった?」

たこ太は何を聞かれているんだか意味が解らないという顔をしてひと言「腹減った〜」と答えた。

自分の不得意分野が分かっている子は幸いである。そこをやっていけばトンネル開通。光はそこだ。しかしたこ太の場合。すべてが平等に万遍なくどの科目も不得意なのだ。先述の栄冠組のお子ちゃまのように自分である程度のことが分かる子ならば、親は楽だ。そうでない場合、もうどうにも母の力が加わる。たとえそれが我が子の自学自習の道筋を断ち切ってしまうものだとしてもである。

りんこは塾で開かれた「今から国語で偏差値を4〜5上げるために」というお題の説明会に「もう何でもいい。受からせてくれ！」という心境で参加する。先生は言った。

「1ヶ月あればいい。12月からの1ヶ月、死にもの狂いでやれば国語が全くダメな子でも受かるのです」

りんこの目にハートマークが浮かぶ。

「先生、先生のような方をお待ち申し上げておりました！どうか、家のお坊ちゃまをお助けくださいまし！」

「もう手の打ちようのない子、いますね？」（エッ？　なんであたしを見て言うの？）

「どう読んでいいかわからん子は設問を心の支えにしなさい。国語は問題文、設問、解答用紙からなっておりますが、最初に設問を読ませるようにしなさい。アリサの気持ちと書いてあったらアリサちゃんに注意して問題文を読む。段落分けの問題で最初の5文字を抜けと書いてあるな、脱文挿入問題が出ているぞという情報をあらかじめ仕入れておいて問題文を読むのです。そしてラインチェックです。ラインチェックができるお子さんは偏差値55以上はあります。問題用紙がマッサラな新品同様なお子さん、今からでもラインチェックをさせましょう。この中に必ず正解、根拠があるんです。この、やりさえすれば正解するお得感。やらない手はないでしょう。」

先生は続ける。「それもダメな場合ですね」それもダメな場合は？　りんこは身を乗り出して次の言葉を待つ。「漢字を頑張らせましょう」

それからこれ以上ない具体的やり方を提示なさった。「つとめる」を3種「はかる」を4種。「達」と「展」。線を多くして覚えていないかを確認する。訓読みで「あれ？　なんだっけ」と迷うような文字「注ぐ」。送り仮名を間違えやすいもののチェックで「潔い」と「費やす」。

りんこは「ラインチェック、偏差値55」とたこ太の耳元で呪文をささやき続けた。問題用紙を奪い取る。まるで文章を消してあるかのごとく線がたくさん引いてある。せっかくの問題文も読めなくさせるラインチェック。息子が真っ直ぐには線が引けないのだと気づいたときのショックは大きかった。4科合計での合格点だ。国語は捨てようと覚悟して晩秋からは国語ベストチェック（み○に出版）&りんこお手製漢字・語句帳（おめーの志望校にはこれが出る！）だけを繰り返した。眠る前の読み聞かせ（別名・読経君）も続けた。

しかし残りの科目が特別優れているわけもない。「だめだ、こりゃ」という気持ちを押し切るように短時間で終了する課題を組み合わせることにした。集中力がないヤツに集中できる時間はいいとこ10分。「計算と漢字」の計算を5分。メモリーチェックを5分。という具合に過去問やら塾の問題集をやる合間に緩急をつける目的で時間がかからなそうなものを選んでやっていた。これを早くやりあげれば少しの自由時間が確保できる。間違えたら、もう一回になってしまうので気が抜けない。これだけでは、とても集中力がついたとは言えないが、短時間に「解けた、終わった」という解放感と「これだけやった」という達成感を小さなスパンで感じて欲しかった。しかし、この方法が良かったかどうかは永遠の謎だ。

教訓

数をこなすより、徹底してひとつをやりこむべし

私、かなりきてますか？

中学受験生の母はほぼ例外なく参っている。それは我が子が大切がゆえ、どうしても合格させたいがゆえに追いつめられるからだ。中学を受験するということは、ある意味非日常の世界、ワンダーランドへと足を踏み入れることだ。ゆえに母も非日常的な姿に変貌する。だからこれは本性じゃないし、受験が終われば、またやさしいいつもの母に戻るのだ（多分）。

受験終了組
母たちのケース

「自分がかなりきているなと思ったのはどんなときですか」

息子に言わせると**いつもきていた**と言うでしょう。父はそう思ってません。
（男子　進学先偏差値60）

頑張ったはずの模試で結果が出ずに、**子どもにすごい勢いで**あたっているとき。
（女子　進学先偏差値51）

自分が中学生のころ、娘の替え玉で中学受験をして見つかったお父さんのニュースを見て、ばかなことをするなぁ、へんなやつだなぁと驚きあきれたものでしたが。追い詰められてくると、**あのお父さんの心境が何かすごく分かる**ような気がして、我ながらかなりきてるなと思いました。
（男子　進学先偏差値61）

志望校別の合否判定をみて絶望的な気分になり、部屋の隅で**泣きながらぼ〜ッとしていたとき。**人が見たらオバケと思ったかもしれない。
（男子　進学先偏差値52）

泣いている子どもを**永遠に叱り飛ばしていたとき。**
（女子　進学先偏差値49）

子どもを殴ったとき。
（男子　進学先偏差値52）

責めて、追い込んで泣かしたとき。
（男子　進学先偏差値66）

子どもをしかっているときに**虐待ではないかと思うくらい**ひどい言葉が次から次へと出てきてしまい、それがとめられないとき。
（男子　進学先偏差値66）

涙もろくなったり、怒りっぽくなったり、ボーっと考えごとばかりしてたりしたことかな。
（男子　進学先偏差値58）

不安になるといてもたってもいられなくて、暇な友人をランチに誘いまくってた。**一人で居たくなかったんですよね。**悪いこと考えてしまいそうで…。
（男子　進学先偏差値64）

受験に関して、**お金に糸目をつけなくなってきた**とき。
（男子　進学先偏差値60）

自分では分からなかったけど、**夫には「おかしい」と言われた**ことがある。
（男子　進学先偏差値65）

テストの結果に一喜一憂し、子どもを怒鳴りつけているとき…もう一人の私が「**怒っている間に問題させたら良いのに**」と囁いていました。
（男子　進学先偏差値41）

受験するのは本人なのだからと、あまり熱くならないようにしていたつもり。他人から見ればどのように映っていたのかは分かりません。
（女子　進学先偏差値54）

りんごエッセイ

前略、宮沢賢治さま

りんこが逗子開成の文化祭に行ったときのことである。在校生として、この学び舎に息子を預けている友人に案内されて行ったのだ。彼女は担任の先生を見つけて、りんこを紹介してくれた。

「先生、ここを目指している子のお母さんなんですよ。受かったらPTA役員を6年やるそうですから！」

先生は微笑みながら、こうおっしゃった。

「そうですか。お待ちしてますよ。是非、頑張ってください！」

りんこは呼ばれてしまったと尻尾を振って喜んだものだ。若くて素敵な先生だった。今やりんこは彼女から「ほーんと、喉元過ぎるとナンとやらよね、りんこは…。6年間役員やるから！　って言ってなかった？」と突っ込まれるし、校内でその先生に遭遇しないように身を潜めていたりもする。

はっきり言おう。りんこはいっちゃっていたのだ。精神状態が普通でない者の罪は問われない！　友人は呆れているが、そのときは心の奥底から正真正銘そう思っていたのだから仕方がない。

しかしながら、こういう母は本当に多いのだ。どこから見ても「いいとこの奥さま」って雰囲気のミセスが学校説明会で突如壊れる場面が間々ある。りんこはある有名校でこんなシーンを見かけたことがある。

「校長先生！　ペケ男の母でございます。どうか後生ですから、家のペケ男を合格させてください。ペケ男はこちらにお世話になりたいんです！　その代わり、合格さえいただけましたなら、あたくし、もう何でもさせていただきます！」

涙声で切々と訴える人妻。校長先生は慣れてらっしゃるのか、穏やかな微笑を浮かべてらっしゃる。ふたりはずいぶんと長い間、手を握り合っていた。りんこは「そこまでやる!?」と息子が5年の説明会では思っていたが、なんのこたーない。しっかり似たようなことをやってもーたわけである。

ある女の子の母はレンタル夫を本当に頼もうとしていた。オヤジが両親面接で大失態を起こしかねない状況だったので、これで落とされては一生後悔しかねない！　そう思った母は完全無欠の父親を求めて行動を起こそうと企んでいたのだ。この史上最大大作戦は塾の先生に計画がばれて未遂に終わったのであるが、りんこには簡単に笑い飛ばすことは出来ない。

彼女にとっては、その瞬間、その「面接」だけが全宇宙上のあらゆる問題よりも重い出来事だったのだ。

このようにかなりきているとの自覚を持つ母はかなりいる。

「先日のカリテ難しかったですよね？　そ〜ですよね？　もう誰でもいいから難しかったって言ってください！」と吠える母。「私は○○のお母さんで恥ずかしい！」って言っちゃったよ。越えてはならない一線を越えた、どうしよう！　と大泣きする母。「あの子の偏差値が上がらないのは塾が悪い！」と転塾を繰り返す母もいる。もう周りが見えなくなってくる。電車の中でも座席を奪い取り子どもを座らせ「ホラ！　テキスト出して！」と言い切る母も出れば、学校説明会でも長蛇の列に目もくれず先生を独り占めにする母も出現する。これらはその母が悪いわけではない。そういう時期なだけなのだ。

空想にふける母もいる。「過去問があるなら未来問がないものかしら」と思ってみたり「替え玉受験ができないものか、でも、あたしじゃ年食いすぎかしら？」と精神状態かなり危ない。「皿を壁に投げつけて割ったら、さぞ気持ちがいいだろうな〜」と妄想を膨らます母もいる。しかしたいていの母はこれは実行には移さない。何故なら、そのあとの片付けは誰がやるのだ？　という大人の心理が働くためだ。しっかし、そのわりにやけ食いに走ったあとのウエイトコントロールまでは思いが至らない。

健康食品にやたら詳しくなるのもこのころだ。東に大豆レシチンが脳に効くと言う者あればさっそく試し、西にイチョウの葉エキスが記憶力に効果ありと言う者あれば購入する。南にやっぱ記憶力にはＤＨＡでしょと言う人あればその気になり、北に免疫力を高めるならエキセアナ（風邪予防のハーブ）。ホスファチジルセリン（脳機能改善作用を持つらしい）に至っては舌噛みそうだ。アンタ、よくそれだけそらんじられるねってほど、東に西に奔走する母もいる。もう雨にも風にも母は負けないのだ。

母は多かれ少なかれ、みーんなみんな混乱している。これはこれで正しい道だと、りんこは思う。なぜなら、受験が終わってしまえばみんなが真顔で「私は常に平常心でございました」とすっきりさわやかに言ってしまうほど、記憶からきれいさっぱり消えている。

「欲はなく、いつも静かに笑っている…そういうものに私はなりたい」宮沢賢治もびっくりだ。（出典・・宮沢賢治「雨ニモマケズ」）

教訓

期間限定。母の精神かなり危ない

本気モードに入るとき

やっとやっと、ちょびっとだけど目の色が変わってきた（ような気がする）。入試直前。もうここまできたら、やるしかない。我が子を信じて、ガツンと一発逆転だ！　このままノリノリ気分で突入しよう。もうあれこれ悩んでも仕方ない。多分今度こそ、本物に違いない、我が子の本気モードにかけてみよう。

受験終了組
母たちのケース

「本気になったのはいつだと思いますか」

やる気が出たのは第一志望校の一次試験に落ちたあと、塾の自習室にこもり1日中勉強して最後のチャンスの二次試験に臨んだとき。**帰ってきたら顔つきが変わっていて**、やっと受験モードになったのか!?と思った（汗）。
（男子　進学先偏差値54）

やる気だけはいつもあったが、**結果が伴わない**と本人が落ち込んだ（親も）。
（男子　進学先偏差値58）

やる気が出たのは**塾のお友だちがやる気が出てきたとき**、つられて。テストのあと一緒に答えあわせをし、算数など分からない問題は互いに教え合っていたようです。
（男子　進学先偏差値65）

最初からやる気のある子はいないと思う。6年の夏休み明けからは**「やらなくてはいけない」**という気になり、その後は時間を惜しんで勉強するようになった。
（男子　進学先偏差値65）

本当の最後（年末？）まで目に見える緊張感、緊迫感がなかったような気がします。しかしこれは親の目から見たものであり、本当のところは**本人のみぞ知る**、と言うところでしょう。
（男子　進学先偏差値64）

やる気が出てきたのは12月の冬期講習からです。子ども会で去年の**合格ビデオを見せられた**のが大きかったようです。
（男子　進学先偏差値66）

見張っていないとサボる娘でした。1月すぎてから模試の結果がひどすぎたので、家庭教師を頼んでからやるようになった。
（女子　進学先偏差値49）

やる気を感じたのは、週報に名前が載り始めて毎回載っていたのに、ある回だけたった2点差で載らなかった回があったときです。これが入試だったら**不合格だなと現実の厳しさを知ったようです**（たとえトップクラスでなくても名前が出るってことで励みになっていたみたいです）。
（男子　進学先偏差値60）

私が言わないとやらない息子でしたが、6年の12月くらいからやる気の片鱗が…ある模試で**よい成績をとったのがきっかけに**なりました。そのときは自分でも体が熱くなるくらい集中したらしい。
（男子　進学先偏差値52）

受験仲間が皆無ですので奮起させるのがたいへんでよく主人は**「首都圏の子はやってるぞ!!」**と言っていました。
（女子　進学先偏差値60）

最初からずっと真面目にやっていましたが、一番「頑張っているな」と思ったのはやはり冬期講習のときです。**周りの子の目の色が変わってきた**のにだいぶ刺激されたようです。
（女子　進学先偏差値56）

りんごエッセイ

カモ飛ぶ1月

塾の先生が言う。「たこ太はひょっとしたらひょっとするかも」「たこ太はオオバケするかも」「たこ太はやればできるかも」「たこ太は式さえ書けばいけるかも」「たこ太は字をきれいにすればどうにかなるかも」…カモがそこいら中を飛び回っているような状態だ。もう何度、カモの話を聞いただろう。カモの話は聞き飽きたよ。どうすりゃいいんだ、もう本番始まっちゃうのに！

「カモ、カモ、カモ、カモってことはですよ、先生。今は字も汚いし、式も書けないし、やってないし、やる気もないし、頑張ってないし、オオバケもしてないから、ひょっともしないってことですかぁ？」泣きそうな声をりんこが発する。塾の先生はものすごく困った顔をして黙りこくってしまった。

「いや〜、たこ太はマイペースですから、そのうちになんとか…」

なんとかって先生、もう年が明けちゃったんですよぉ！　クラクラしてくる。

「同じカモなら、せめてカモネギになっておくれ」とお願いしたい気分である。

塾の先生の逃げの常套句に「やる気はあるんですが」とか「やりさえすればできるんですが」とか「頑張ってはいるんですが」というのがあるらしい。これを知ってますます「ダメじゃん、ホントに…」と泣きたくなってくる。

野郎は本気になる瞬間が遅すぎるらしい。試験本番で「ヤベ！　勉強しなきゃ」って気がつくならまだいいほうで、何個か落ちてしまってはじめて「俺はやるぜ！」と決意する子も例年多いのだそうだ。

たこ太は感情の起伏が少ない超ド級のマイペース男なので「燃える闘魂」だとか「ほとばしる情熱」とかいうものを肌で感じにくい。いつも淡々としているので、恐れているものがあるのかどうかもわからない。やる気がないというよりも、むしろ受験という実感に欠けているといったほうがいいかもしれない。

それに対して超がつくほどの難関校に行く子どもたちの本気モードはやはり早い。夏休み明けとか秋にはもう全開だ。ターゲットが具体的にはっきりと視界に入っているのだろう。普通の子たちは2月受験なら年明けという感じで、まあ本番一ヶ月前にようやくアクセル全開になるそうだ。一方幼い子グループにはこれがない。本気なんだか何なんだか相変わらずな状態だ。室長は言った。

「お母さん、マイペースはマイペースで大変いいことなんですよ。ヘンに気負ったり、上がったりしないからかえっていいんです。一番いけないのはあなたが横からギャーギャーと騒ぐことです。お願いしますから静かにしててください」

ウッ。言われてしまった…。これが一番、難しかったりするんだな。

だいたいたこ太の場合、「俺は絶対、ここに入ってやるぜぃ！」という力強い宣言など期待すべくもないのだが、根拠もなく「受かる！」と心から思っているようなふしがあり、「あ〜、見方が甘いよ…」と母は余計に途方に暮れる。そして本番一ヶ月前、全落ちの恐怖に襲われ夜中に突然目が覚める。これだけ悲惨な生活をさせて結果を出せないとしたら…。繰り返しよぎる悪夢を振り切り「やってないわけじゃないんだから何とかなるんだ」という気持ちにもっていこうとすればするほど気分が滅入る。最後の模試も悲惨を極めた。冬期講習もいつものように何となく過ぎ去った。早く終わって欲しいという気持ちとまだ来てくれるなという気持ちが交錯する。

そんなある日、たこゆきがたこ太にこう言った。「たこ太、オマエがもし一発で受かったら併願校に金を払う必要がなくなるわけだ。そしたら家族でどっか旅行に行ってのんびりしようぜ。オマエどこ行きたい？」りんこは思った。あ〜、また要らんプレッシャーかけよって…。これじゃ絶対一発で入らなきゃ許さんぞ！って言ってるようなもんじゃん。しかし意に反して、たこ太がいつになく乗って来る。さすが具体的な餌に弱い。妹レディも参戦して「あたしはここがいい！　お兄ちゃん、一発で受かんなさいよ」とまで言ってるよ。たこ太もたこ太で「おーっ！」とか言うし「俺はどっちか言うとこっちのソフトが欲しい」って…言ってる場合かッ！

「心配すんな。オマエなら大丈夫だ、きっと受かるさ」ヘラヘラ笑う男ふたり。さてはふたりして根拠のない「大丈夫」を心に持ってるな？　たこゆきが続ける。

「オマエも中学入ったら、自分専用のパソコンも買わないといけないだろうしな。パソコンにはスゲーいいゲームもあんだよな？　そういうことになったら、俺も新しい機種に買い替えしないとまずいだろう？」

何がまずいんだ！　ドサクサに紛れて「俺の新しい機種」の話なんかすんじゃねー！　そんな金はどこにもね――――！　願書提出前日の夜はこんなふうに暮れていったのである。

教訓

1月に本気になったらよし！と思え

願書出したら腹がすわったら!?

冬休み、たいていの母は願書書きに追われる。そして年が明けたら、がんがん志望校に願書を出していくのだ。郵送ならば大安吉日を狙い、窓口出願ならば、始発にのって若い番号をゲットする。もう出してしまったんだから、受けるしかない。もうなるようになれ！とこの時期、母の腹はすわる。

受験終了組
母たちのケース

「願書を書いてから腹がすわりましたか、またそのころの心境は？」

志望動機って難しい。だけどどんなことを書こうかといろいろ頭を悩ませているうちに、なぜ私学なのか、なぜ中学受験なのかについての自分たちなりの答えが見えてきたような気がする。氏名や生年月日、住所と、何枚も何枚も同じような内容を書きつづけていくうちに、まるで**写経でもしているような心境**になりました。

（男子　進学先偏差値61）


願書を書き終わったらほっとしました。だって緊張するんですもの。そのころはもう、**「早く終わっちゃってくれ〜〜。なんでもいいからさ〜〜。」**っていう心境でした。

（女子　進学先偏差値69）


すわりました。やるしかねー、と。

（女子　進学先偏差値56）


腹がすわった…というよりも「もう願書書くの？　出すの？」状態でした。あっという間でした。マジで**「小学校留年してくれないかな〜」**と思いました。

（男子　進学先偏差値45）


受験番号を手にしたときキモがすわった。誰でもそうだと思うが、**不安と期待の入り交じった**変な気分だった。

（男子　進学先偏差値59）


ある意味すわったかな？　いや、気がヘンだったかもしれません。本番1週間前に私だけ、朝受験校に当日と同じ時間帯に学校に行ってみたり、**手当たり次第、神社仏閣に祈ったり。**

（女子　進学先偏差値44）

そうですね。もう腹はすわってました。願書に写真を貼るのを忘れてしまった学校があったのですが、連絡くださりことなきをえました。にもかかわらず、そこの学校は駄目でしたが…そのころはもう心境というか、金銭感覚がマヒしていました。今思えば**受験料だけでも全部合わせたら相当な額**を、湯水のようにぽんぽんと…。わー、おそろしい。

（男子　進学先偏差値47）


あとは野となれ山となれ。

人事を尽くして天命を…と言いたかったが、人事を尽くしていなかったので、言えなかった。

（男子　進学先偏差値60）


武者震いってカンジかな。う―――ついにきたぞ―――!!!

腹はずっとすわっていたようです。

（女子　進学先偏差値60）


けがをせず、体調を崩すことなく受験できますように。そればかり考えていました。

（男子　進学先偏差値65）


うんうん、腹がすわりましたよ。親のやるべきことはやったって感じで。あとは野となれ山となれってな気分でした。この時期から気分は本当に楽になりました。**じたばたしたってしょうがないっていう感じ**。風邪さえひかなきゃなんとかなると思ってた。だって、学校はひとつじゃないし、ましてや行かなきゃならない学校なんてないし、とにかく義務教育だ、公立もあるって常々思ってました（これは受験を始めた時点でキモに銘じていたことで、行くことになった学校が子どもにとって最良であると思っていました）。

（男子　進学先偏差値64）

りんこエッセイ

まな板の上の鯉

願書を書くのは緊張する。油断すると志願者氏名の欄に親の名前をうっかり書いてしまいそうだし（実際、そのトラップに引っかかる親は多い）、志望動機の欄なんてあろうものなら、どう書いていいのやら真剣に悩む。願書を書いてミスしようものなら、せっかくのご縁もそこで親自らが断ち切ってしまったかのような錯覚に襲われる。想像以上になんだか疲れる作業なのだ。

りんこはお家ではお姫さまなので疲れる作業は家来にやらせることにする。お姫さまはそんな重大なことの責任をとるのが嫌なのだ。まあ、家来たこゆきのほうが読みやすい字を書くということも大きいが…。りんこは監督官になることにした。家来は正座で書いたりして姿勢がいいことこのうえない。まっさらな願書のコピーをとって、まずはそれで練習。間違いないかを確認したら、いざ本番。ゲルインキのボールペンのボタ落ちがないかを確かめて、さあ、書こう。一字一字に合格の念が込められるように、りんこも側から「目からビーム」を放射する。

もうこの作業が終わると（とは言っても、りんこは何もしてないわけだが）ヘロヘロになる。自分の履歴書を書くほうがよほど楽だ。

しかし願書を書いたら「ハイ、めでたし」になるわけがなく、受験料を納めないことには試験を受けさせてもらえない。学校によって受験料振込みだったり、直接持参だったりいろいろだ。

りんこは鎌倉学園に「いざ出陣」と出向いたわけであるが、やはり願書提出というのも独特の雰囲気があって説明会にはなかった緊張感がある。待っている大勢の父母は誰ひとりしゃべろうとはせず、学園側の配慮で置いてある「飲みもの」にも手は出ない。中央に置かれた大画面に映し出されるＮＨＫの料理番組を見るともなしにりんこは見ていた。

番号順に受け付けされるシステムであるが「70番から79番の方、こちらにお並びください」と呼ばれていく。りんこは驚いた。塾からの面接指導はあったが「願書受付のお作法」などはさすがにない。それが並んでいる父母は一様にクリアホルダーから願書を出し、ピン札2枚を福沢先生の顔の向きまで揃え、受付の先生が作業しやすいような態勢でスタンバっているのだ。そして、これ以上できないという低姿勢で「よろしくお願い致します」と申し上げ受付完了。これまた深々とお辞儀をして一連の儀式が終了するのである。「今どきの親は…云々」と言われ続けている世代であるが「やるときゃきちんとやれるのよ」ということを実証してみせたかのような空間であった。

願書の提出が無事に終了すると腹がすわる。もう金は払ってしまったんだ。今さら、どーのこーのと言っても仕方がない。合格を信じて受けるしかないのだ。煮るなり焼くなり好きにしろとでも言いたいような「まな板の上の鯉」になる。

塾でも催眠商法に引っかかったかのようにさまざまなオプション講座をとったりして金銭感覚は普通とは思えなくなってくるが、この受験料納入の時期には、もはや銭勘定が全く出来ない身体になり下がっている。到底考えられない額であるがＷ出願まで考えて大枚が飛んでいくのだ。しかも、そのときはそこまで頭が巡らないので「もったいない」とかいう意識も存在しない。普段、こっちの大根が１００円で、あっちが98円ならちょっと歩いてあっちに行くかと思っているような賢い主婦であってもだ。もう気持ちが良いくらいに万札が飛んでいく。ゆきはゆきでも「ゆきち（諭吉）」舞い散る冬なのだ。

もうここまで来ればあとは本番だけだ。どうか風邪を引かないようにベストコンディションで受けて欲しい。あの学校には頭がちぃ〜とばかり足りなさそうだから、せめてどこも痛くない状態で勝負に挑めと、母はみんなそういう気持ちになっていく。

超難関校に子どもを入れたりんこの友人母はこう語っている。

「苦手な分野の問題ばかりだったらダメかも。ケアレスミスの連発だけはしてくれるなよ。風邪を引いたらどうしよう。右手を怪我したときのために左手の練習をさせたほうがいいかな。阪神大震災のときの受験はどうなったんだろう。地震こないよね。今思うと笑っちゃう。でもあのころはホントに本気で心配してた」

母ってそうなんだよね。学校の難易度なんて関係なくて、母の気持ちはみんなこう。不安で心配でどうしようもないけれど、ここまで無事に受験生活を送れてきたことを森羅万象に感謝して本番を待とう。きっといいことが待っている。

教訓
願書を出したらあとは本番、大丈夫、あなたに運気はついている

併願校大作戦

絶対に絶対に全落ちだけは避けたい。これはすべての母の共通の願いだと思う。ゆえに併願をどう組むかは、親の最大の課題、腕の見せどころである。どこに受かっても悔いなし、我が子にぴったりという志望校を探し出し、本命、押さえ、チャレンジから記念受験に至るまで、ここだという志望校を探し出せ。

受験終了組
母たちのケース

「併願校はいくつ考え、何校に願書を出しましたか？」

8校考え、4校に願書を提出した（うち1校は二次試験まで）。1月の試験結果を見てから、2月1日の出願校を最終決定した。

（男子　進学先偏差値54）


順調に受かったとき、ダメだったとき、いろんなパターンを考え**10校ほどの願書は書いて用意し**ておきましたが、受験前に提出したのは4校でした。

（女子　進学先偏差値56）


いわゆるお試し校も入れて、**7校の併願**を考えました。出願は五校です。

（男子　進学先偏差値65）


田舎なので通える学校に限界があり、出願校3校。**入試回数6回を予定**してました。

（女子　進学先偏差値69）


実際受けたのは5校で、願書は**2回目以降の試験**も入れると10回分ぐらいでしょうか……。

（男子　進学先偏差値47）


長女は併願校7校、第一志望と**合わせて8校**。次女は併願校2校、第一志望と**合わせて3校**でした。

（女子2人　進学先偏差値共に58）


出願は5校。実際に受けたのは3校。

（男子　進学先偏差値65）

一つだけしか出さなかった。（男子　進学先偏差値59）

本命以外に4校考えて出しました。結局2校しか受けませんでした。（女子　進学先偏差値44）

本人の希望で、進学先校がダメならこの学校とはっきりしていましたので、2校のみの受験でした。**願書提出も2校のみ**です。（男子　進学先偏差値64）

3校。そのうち1校は**午前・午後受験2回分**提出。（女子　進学先偏差値52）

考えたのも、願書を出したのも2つ（合格したのも2つ）。（女子　進学先偏差値56）

全部で4校願書を出しました。**1日目進学先校合格**。2日はA校（1回目）スカ（不合格）。3日はB校合格。4日はC校棄権。A校2回目スカ（1回目がNGだった時点でその場で願書提出）。5日D校　棄権。（男子　進学先偏差値64）

出願したのは**1月校1校＋第1〜4志望で計5校**。場合によっては出願するつもりで願書を用意していた学校は4校。（男子　進学先偏差値61）

塾はこうみる!

「行ける学校」ではなく「行きたい学校」を第一志望にすること。そのうえで大人（保護者・塾）がほかの学校との併願を考えていく。長い受験勉強の結果がでることなので、行っても行かなくても一校くらいは合格させてあげるべき。その意味での押さえは必要（シドウ会）。

りんごエッセイ

併願は母の好みで決めていく

受験期間中、なんと言っても怖いのは「全落ちの恐怖」である。3年生あたりから塾に突っ込んだはいいけれど、抜け出すタイミングをつかめず、ここまでズルズル親子で来てしまったという母としゃべる。

「りんこなんて、まだトリモチに捕まって間がないでしょーが？　あたしなんて一体いくらつぎ込んでると思ってるの？」

そっかあ、塾って「トリモチ」なんだ。もがけばもがくほどヘンにまとわりつく存在なのか。

「これだけ自由を奪っといて、これで公立になりました。ハイ、また公立で部活のあとの塾、頑張ってください！　なんてあたしは子どもに言えないよ、絶対…」

母はもう半泣きだ。この「全落ちを避ける併願校選び」と「果たしてどこのラインで公立行きと決定するのか」という問題は結構悩ましい。いろんな選択肢があるだろう。とことん私立という考え方もあるだろう。第一志望以外なら公立で3年後に子ども自身の力でチャレンジ、そういう考え方もあるだろう。この出願校3校で受からなければ、いさぎよく公立という芽も出てこよう。最終的に公立を選んだとしても、どっかには受け皿があるということが中学受験のミソでもある。塾は言う。

「全員が全員、第一志望に入れるなんて、そんな話はありません。現実的には希望はしていなかったけれどもご縁があってという入学になる子もいっぱいいます。皆さんだからこその併願校なんです。本気で入学しても良いという学校を選ぶようにしましょう」

なんだよ、今まで「お母さん、何はなくとも第一志望ありきですよ！」とか言ってたくせに！　話がいきなり変わってるよぉ、もうなんだかな～。さらに塾が言う。

「第一志望に思いが凝り固まっていて、ほかにもごちそうがあることに気がつきもしない親御さんがいますね。第一志望がはっきりある。それは結構。素晴らしいことです。逆になきゃ困るんですから。行きましょうよ、そこ目指してね。でもですね、やっぱり大人がいろんな方向性、可能性をたぐっていかないとダメなんです。いいですか、神奈川に住んでるから都内は無理とか思って行きもしない親、こりゃダメです。始業時間とかを考えると近くのA中学より都内のB中学のほうが家を出る時間が遅いってこともありますね、実際。埼玉県人だって神奈川に触手を伸ばしていいんですよ。千葉、いいですね～。1月・2月とチャンスは倍増じゃないですか。ましてや都内にお住まいなら全県制覇も夢じゃない。まずは併願校を考えるときに、ショッパナから問題外と言って決めつけないことです。

もうね、イメージでノーサンキュって親御さん、いますからね。いいですか？　学校を見に行って、ひとりふたりのヘンな（生徒）のを見てすべてを判断しちゃダメです。どこにだって、どんなトップ校だって変わったヤツは絶対います。ましてや、皆さんが行かれるとこは6年一貫でしょう？　シャレっけが出ちゃう年頃なんですね。元々、鼻には穴が開いてんだからそれ以上開けるなっていうピアス小僧もいるわけですよ。併願校にいたっては、もう子どもは見せなくていいです。親が決めちゃっていいんです。説明会とかにも、わざわざ行かせなくて、もう親御さんが決めていい。我が子に親が合ってるナーって思えば『アンタに合ってると思うよー』のひと声で子どもはそうなりますから。言うことをおとなしく聞いてくれるのはよくて数年、下手すると数ヶ月ですから。子どもに第一志望はものすごくいいが、万が一なことが起こったとしても、こんな立派な学校があるんだと、安心しなさいと言ってあげてください。その安心感で子どもは余計にモチベーションが高くなる。変わります。子どもは伸びますから、信じて親も変わりましょう」

そんな…。親がいいと思えばいいなんて。そんな重大なこと責任もてないよーと思ったが、やっぱり最後は母の好みで決めていく。りんこは受かったところにありがたく通わせていただく決心だったが、やはり事前にたこ太が受験する可能性がある学校はすべて見学させた。相当暮れも押し迫ってきたころにも出かけている。たこ太は併願校には全く興味がなかったので、なぜに真冬の夕闇迫るなか、肌寒い見知らぬ校舎の廊下に立っていなくてはならないのか合点がいかなかっただろう（学校側がお願いしたらとても感じ良く校内見学に応じてくれたのだ）。この併願校大作戦は（個別見学のせいで）薄暗すぎて「トイレの花子さん」やら「学校の怪談」がぴったりはまる何ともいえないようなものだった。

併願校を子どもに見せるなら、やっぱり昼間に行くべきか。夜の学校はなんか怖い。母がお化けに怯えてちゃどうしようもないのだ。しかし時間がなくて昼間なんかに行ってられない。するってーと、塾の先生は結局正しいことを言っているのだと妙に納得したりんこであった。

教訓

併願校は親が決めよ、子どもは第一志望で頭がいっぱい

受験当日の心得

とうとう受験当日を迎えてしまった。平常心が何より大切と思いつつ、悟りを開いていない母はどうやって過ごしたらいいのかわからない。神様、仏様、ご先祖さま。この際、偏差値が届いていなかろうと関係ない。どうかどうかかわいい我が子を合格へ導いてくださいませ。

受験終了組
母たちのケース

「受験当日何か困ったこと、ありませんでしたか。また受験当日の心得、持ちものをアドバイスしてください」

試験後の待ち合わせ場所をきちんと打ち合わせておかなかったので、なかなか巡り合えず娘に怒られました。当日は、早めに着いてコンビニや自販機で買った温かい缶飲料で手を温めさせました。指先って結構冷えるんですよね。朝は寒いので、**ホカロンを装着**していく子も多いと思いますが、下着の上などに貼った場合、試験前にはがしておかないと試験中暑くなってもはがしにくいと思います。ひと言注意してから送り出すか、学校に入る直前にはがしていったほうがいいかも。

（女子　進学先偏差値69）


何をしていても落ち着かなかった。文庫本を用意したが、5日間で2〜30ページも進まなかった。受験校ごとに、受験番号や電車の乗り換え時刻、**持ち物などをチェックできるシート**を用意した。

（男子　進学先偏差値54）


1校では、暖房があまり効いていなくて「試験中寒かった」と言っていたのでカイロ等を持たせたら良かったかなとも思いましたが、男の子は寒かったらカイロを着ける。暑かったらカイロを取る。なんて細かいことは出来ないので、うちの子の場合は「少し寒いぐらいのほうが頭がシャッキリして良かったかも」と思います。心得は「**とにかく落ち着け**。問題を見直せ」に終始していた気がします。うちの子、落ち着きがないもので…。そのお子さんの性格によって、親が「危ないな…」と思うことをアドバイスするといいと思います。

（男子　進学先偏差値45）


みんな緊張してて当然です。**緊張をコントロール**しましょう。受験中待っている親はすることがなくて暇でした。

（男子　進学先偏差値60）

（親子で）時計を忘れてしまったけれど、学校の事務所が用意してくれました。ありがたや～　無事合格！　飲むゼリーや**チョコレートで**脳を最大限つかってもらおうとしました。
（男子　進学先偏差値47）

はじめて受験した1月の学校で、後ろの席のお子さんが試験中に机をガタガタさせる、頻繁に溜息をつくなどしていたので、試験開始直後は気になって仕方なかったそうです。「いろんな子がいるんだよ。**気にしなくていいよ**」ということを事前に言っておいたほうが良かったかなと、あとから思いました。
（男子　進学先偏差値65）

きっと勝つぞのキットカット
（男子　進学先偏差値52）

ともかく**時間に余裕を持つこと**。どんなに用意してても、はやく起きても、どんなことで時間がなくなるかわかりません（緊張のあまり子どもがトイレに何度も行くことも）。とくに親は早め早めに動いておくことをオススメします。持ち物は受験票など基本的なものは別として、親が持っていくと良いものは、トローチ（のど飴）、飲み物（熱いもの、冷めたもの2種）、タオル。注意することは試験場が暑いこともあるので脱ぎ着できる服を子どもさんに着せてあげてください。息子は暑がりなので下着の替わりにTシャツを着せて行きましたが、ある会場では暖房が効きすぎていたため、シャツ1枚で試験を受けたそうです。とくに男の子の場合、受験会場で別れる前に「暑かったら上着を脱ぐのよ」または「寒かったら鞄のなかのセーターを出して着なさい」と、しっかり話しておいてあげてください。緊張のあまり脱ぎ着することを忘れたり、試験のことで舞い上がってしまって「暑ければ脱ぐ」ということにまで気がまわらないのです。
（男子　進学先偏差値41）

1日目（第一志望校）のテストの帰り道、記号で答える問題を数問答えずに提出したと聞いて、怒ったら娘も怒り出して喧嘩になり、それから2時間ほど娘が泣き続けていました。困って塾に電話したら**「すぐに塾に連れてきてください」**と室長先生に言われ、あわてて連れて行きました。（女子　進学先偏差値56）

りんごエッセイ

もしも本番でこころが泣いたら

受験当日。もうこれは死んでいようが生きていようが這ってでも行くに限る。だが、実際にはどんなに万全に準備をしたつもりでも、当日に何の不運かインフルエンザになっちゃったとか骨折ってて字が書けないとか、あってもらっては困るようないろんなケースが出てくる。

入試は「自宅DE入試」なんて制度はないわけで、どんな状況下であったとしても受験会場に行かねばならない。着席して試験を受けるということが大前提になる。保健室受験の子どもも季節が季節だけに数多くいるらしい。しかし体調最悪だろうと呼ばれているところには、きちんと受かるし、元気ハツラツオロナミンCのポーズが決まるほどの絶好調であったとしても、ご縁がなけりゃそれまでだ。学校側も慣れている。保健室受験になったとしても、親は慌てず「なんのこれくらい、たいしたこたーない！　試験受けてるうちに治っていくさ！」くらいの軽い渇を入れてあげよう。体調悪化は自分を責める材料になるかもしれないが、母は一生懸命、体調管理もしてきたはずだ。暗くなっても当然NGだけれど、自分を必要以上に追いつめてはいけない。だって何のメリットもないではないか。ただひたすら翌日には元気になるよう（骨折は無理だけど）、努力しよう。意外とどうにかなるものらしい。

ここまで来てしまえば、どうのこうのもないわけでアドバイスがあるとしたら「子どもよ、力の限り戦ってこい！」と「名前書けよ！」を一緒に言えばいいだけで、とくに男は聞いちゃないから「ホカロンはずせ」だの「暑かったら脱げ」だの「あったかいお茶はこれ、冷たいお茶はこれだから」などという注意事項は全く意味をなさないものだ。それでいいのだ。もう拍子抜けするくらい淡々と校舎に消えて行くことだろう。

もうひとつだけアドバイスというものがあるならば、この1週間は何があろうと夫婦仲良く、だ。仮面はひとまず戸棚かなんかに置いといて夫婦仲良く駈けずり回っていただくということに尽きる。初日に大成功でメデタシメデタシになれば「それはそれはおめでとう！」だが、現実のパターンとしては2日目・3日目・4日目も受け、おまけに午後受験も入っているし、W出願も組んでいるケースもこれまた多い。途中に合格発表、手続き締め切りなんかもあったりして、おまけに銀行営業してないよとくりゃ、もう焦りまくりの極致である。受験日程が何曜日に当たって、何時が締め切りなのかだけは、事前に頭に叩き込んでおかねばならない。同時に親は冷静なときに「ここがダメだったら、こっちを受ける。こっちの入学金は捨てるつもりで払っておこう」などのシミュレーションをやっておかねばならない。

とにかく本番が始まった段階で「よもやのNG」が出てしまうことを想定しておこう。作戦を練りに練っても現実に「桜が咲かない」となれば、親のパニックは想像以上だ。実際に知り合いの何人もの「まさかのNG」を耳にした。本当に普通の精神状態ではいられないと誰もが言った。親のパニックは子どもに伝染する。「俺、ダメなのかなー?」と思わせることだけは絶対に避けよう。

「何、言ってんの。これからよ。アンタの実力はこんなもんじゃない！　絶対にダメじゃない！」

と涙を拭いて力強く宣言しなくてはならない。

りんこは各種お受験本のアドバイスとは違って「母は女優」である必要はないと思う。受験準備中の数年間、苦しいことのほうが多かったはずだ。むしろ苦しいことだらけだったようにも思える。誰しもそうだ。その中で女優でいつづけられるのだとすれば、もうそれは今からでもプロとして舞台デビューを飾れるほどすごいことだ。所詮はアマチュアの私たちだ。むしろ母たちは感情を素直に現して、良くも悪くも懸命に「あなたを愛している」と我が子に身体で伝えていいと、私は思う。子育てはきれいごとではいかない、むしろイライラの連続だ。思い通りにいかない別の人格を大きくしていくのは並大抵ではないのだろう。家族はあるがままに生きていく、そのときそのとき、良かれと思った最善策を考え、実行できないにしても、それなりにやっていくしかないのだろう。しかしである。中学受験にだけ関して言えば、この本番の何日間かだけは「女優」であれ。女優という言葉が馴染まなかったら、こう言い換えよう。

「最後の最後の最後まで母は我が子の狂信的な信者になれ」

我が子を信じよう。頑張ってきたのはほかのだれでもない、あなたが我が身を削って産んだ子だ。母が我が子の頑張りを信じないで誰が信じる。母が「あきらめてはいない」ということが子どもへの強力なパワーになる。絶対なる。大丈夫、頑張ってきた人には必ず笑顔の春が来る。今苦しい母たちにエールを贈ろう。

すべての苦しい母にこの言葉を贈る。

「ダメじゃない！　絶対にダメじゃない！」

教訓

最後の最後の最後まで、母はあきらめてはいけない

母はお弁当に愛を詰めて（1）

お弁当タイム。これは塾時間のなかで唯一の安らげる楽しい時間である。ゆえに愛する我が子に「愛情たっぷりのお弁当を！」というのは人情である。りんこの弁当はある意味において他の追随を許さない超一流であると自負していたのだが、このたび、いろいろな母たちを取材していくうちにその自信は木っ端微塵になっていく。ある母はチョコを入れ、ある母はハム太郎ソーセージを一箱丸ごと入れたりする。ある母はDHAカプセルを詰めたりして健康オタク真っ青なビタミン剤弁当をこさえたりもしていた（もちろん隙間に錠剤をチョコンと入れておくのである。それが主食ではないので念のため）。一番感心したベストオブ弁当を紹介しておこう。それは「どら焼き弁当」である。本来おかずがあるべきところに、どか～んとどら焼きが入っている。う～ん、正直参った。これはさすがのりんこも考えつかなかった。腹持ちのよさはピカいち、男の子にはぴったりだ。りんこもどら焼きにしとけば今ごろ、中等部にお出入りできたかもしれないのに！（左様、どら焼きの母の息子はKO中等部なのだ！）その十和子巻きが似合う美しい人はりんこに「どら焼きはまだしもガムはひどすぎる！」とおっしゃった。しかし、りんこの知る限りでこの弁当はベストワン、他の追随を許していない。

中学受験ホント話①

青沼貴子

もうちょっと がんばれば
大学ついた トコに 行けそうなん だけどなー
成績表
大学なんてついてたら もっと勉強しねーだろー
このくらいの 大学なら 大学受験で 受けても誰でも 受かるって 大学の付属じゃ ない学校を 受けさせせよう
ふーん
そして3年後…
ん?
あ!この前の 模試の試験結果だ!
ガサガサ
あっ!ヒトのカバン 勝手に見んなよ!
ゲン!
受かる大学 ひとっつも ないじゃ ないのよ〜! どうすんのよ〜!
その子の特性に応じて 中学は選びたい
ダーリンのウッキー!
模試 成績表

part2

基本編

やっぱ私立でしょ、の真実

理由はいろいろあれど、中学は私立にと決めたわけだが、こんなに受験勉強が大変だなんて、全くもって予想外！　もう苦しくて逃げ出したくて、こんな思いするなら公立でいいかと思ってしまうのだけれど、受験終了組の母たちはケロッと「受験してよかった、やっぱ私立でしょ！」とおっしゃるのだ。その真実はどこにある!?

受験終了組 母たちのケース

「やっぱり私立でしょ、と思ったのは何が理由ですか。また、受験を決めた時点で公立行きという選択肢もありましたか？」

公立の小学校に様々な意味で失望していたので、同じ公立に進学するのは躊躇したこと。また今は**高校から入学できるいい学校が少ないこと**。のんびりやの娘に合った学校で6年間を有効に過ごして欲しいと願ったため。

（女子　進学先偏差値51）

環境ですね。施設の環境と、友人や先生の環境。**公立は全く考えていませんでした。**だから絶対に全落ちしない日程を組みました。

（女子　進学先偏差値69）

私の教え子の約3分の2が私立、残りが公立でした。その子たちそれぞれの学校の、宿題の量、定期試験の内容、提出物の有無、そしてその提出物をしていかなかったときの先生の対応、補習などのケアを見ていてあまりの差に愕然としました。**「公立ではダメかなぁ」と思いました。**定期テストなどもよく見せてもらいましたが、公立の問題と私立の問題の差もかなりあり、とくに公立の問題の簡単さには驚きました。中学だけをとっても1年間でこれだけ勉強量が違えば、3年経ったらどんなことになるんだろうと思うと恐怖でした。学校によって多少の違いがあるもののおおよそ公立の3倍は私学の場合勉強していたと思います。

（男子　進学先偏差値41）

小学校自体が私立だったので、良さも分かっていたし、**公立という選択肢は全くなし。**

（男子　進学先偏差値58）

引っ越してきたら進学予定の公立中の評判がものすごく悪かったことが受験を考えた一番の理由です。それから公立中の内申書というものがかなり先生の偏見によるものがある、という噂を聞いたので。公立だと思春期の難しいときに高校受験があるのも不安でした。最初は「ダメだったら公立に行けばいい」と思っていましたが、**だんだん「何が何でも私立」**という気分になってきました。

（女子　進学先偏差値56）


公立高校の受験システム（内申）の不透明さに不信感を持っていたころ、**私立中学にお子さんを通わせる友人から私学の良さを聞き**、すっかりその気になった母。息子は塾の体験授業で景品をたくさんもらい、楽しい場所と勘違いしてその気になった。公立はまったく考えませんでした。

（男子　進学先偏差値65）


2002年問題で、**お先真っ暗だと感じたので**。決めた時点では、公立の選択肢はありませんでした。

（女子　進学先偏差値56）


子どもの性格ですね、うちはひとえに。それに小学校ではいじめられっ子でしたから。また、地元公立中学の荒れは有名でした。

（女子　進学先偏差値44）


ここまで来たらどこかに入れるぞ、と思ってました。3年ほどいろんなことを**犠牲にして塾に通ったので**、いまさら公立行きというのはかわいそうでした。

（女子　進学先偏差値51）

りんこエッセイ

熱い想い

知り合いの中高一貫出身のおやぢを捕まえては聞いてみる。「どんな6年間だった？」と聞いてみる。するってーと、たいていは酒が入っているせいか「語る、語る、語る」となり、「こんな変なヤツがいた」だの「こんなしょーもねーことをした」だの「名物教師にこんなんがいた」だので盛り上がる。公立出身のおやぢは盛り上がらないのかと言われれば、そんなことはなくやはり同じように盛り上がるのではあるが、強烈な母校愛というものに関しては、やはり過ごした年月の差なのか「6年一貫おやぢ」に分があるように思われる。もちろん人にもよるし偏見かもしれない。

「中高一貫オバサン」も語り出す。「こないだ学校説明会に行ったら（当時の）担任の先生に会っちゃって、娘がいたから、なんか恥ずかしかったわ～」と嬉しそうに話し出す。私立の先生は良い悪いは別として、ご在位が長いのでこんなことは普通なのだそうだ。公立中学では学校を訪ねたら当時の担任の先生が出迎えてくれるなんてことは本当に稀なので、こんなところにも「私学」ならではがあるのだろう。

夫婦共に公立出身の家庭となると、やはり中学受験動機の上位に自分たちのときにはなかった「公教育への不信感」が挙がっている。それは公立小への失望だったり、学区中学の荒れであったり、内申制度の不透明さなどのマイナス要素を天秤にかけての選択という意味合いが大きい。

では、数多《あまた》ある私学をどう選ぶのかという質問だと「環境を買う」という答が圧倒的だ。校風、施設、理念、友人、先生、立地、大学進学実績。それらすべてをひっくるめての「環境」である。これに高校受験に惑わされずに6年かけての教育プログラムが用意されていることを挙げる親もまた多い。多感な時期にゆっくりと自分の将来を考える時間を用意してあげたいという親心でもあるのだろう。このように受験動機は各人各様である。

また、こうも聞いたりしてみた。「子どもが行ってる学校自慢をしてちょーよ」。すると、また語る、語る、語るが出てくる。「親のが毎日通ってない？」て笑いが出るほど母（父）の思いが溢れている。まるで自分の母校に対するような思い、いやそれ以上の気持ちで接しているのがよく分かる。まあ当たり前と言えば当たり前である。入学するまでに既に膨大な時間と金を使っている。そこに持ってきて再び決して安いとはいえない学費を払い、我が身以上に大切な我が子の命を6年も預けるのである。誰もが我が子の学校を熱く語るのも至極もっともなことなのだ。「やっぱ私学でしょ」という言葉の背景には、それぞれの家庭の熱い思いがある。学校を信じて我が子を託すという気持ちが、先生方を支え盛り上げ、その学校に新たな活気をみなぎらせる。

りんこの息子が通っている私学の話をしておこう。もちろんすべてを知る由もないのではあるが、感想としては「えらく面白そう」だ。一例として芸術科の授業にふれてみる。逗子開成の芸術科は「感動体験」を軸に置いている。音楽と美術は芸術という名で一緒。定期試験はない。学年末に評価点はそれぞれ出るが「芸術を筆記試験して何がわかりますか、お母さん？」と言われた。そこで子どもたちはサントリーホールに生の演奏を聞きに行ったり、彫刻の森まで名作を触りに行ったりしている。試験といえば1年かけて好きな曲を何の楽器でもいいから演奏してご披露してちょうだいというのはあるが、バイオリンの名手のような子から小学校のリコーダーでお茶をにごす子、いろいろらしい。ハリーポッターなどの映画を校内で授業として鑑賞したり、クラス対抗の合唱コンクール（中2）などもやっている。もっと極めたい子には土曜講座に「ドラム入門」「映画を作ろう」「マンガ講座」「美術館巡り」「劇団四季マンマ・ミーアを観よう」「和凧作り」などの芸術系がズラッと並んでいるのが特徴だ。これに「ものづくり」としてのヨット製作、「感動体験」の主軸になるヨット帆走実習などが加わる。こういうプログラムで6年間やっていくということだ。

りんこは教育はマラソンに似ているような気がする。長い目で見て、そのときそのときに的確に給水するとか抑え目に走るとか、そんなことをコーチの指導のもと環境が整ったところでできたら素敵じゃないか。青春時代を長い目でみてくれる、素晴らしい指導者や友人に巡り合うことがその子の財産になる。

あったかいコーチが逗子にはいる。確かにいる。先生は中1に「夏は遊べ！　遊んで遊んで遊びまくれ。中途半端に遊ぶな。遊ぶときは徹底的に遊ぶこと。勉強しなくても死にはしない。でも子どもが遊ばないのは致命傷だ！」と檄を飛ばした。学年の先生も皆熱い。深夜までファミレス会議で「アイツはこの単元が解ってない」というような情報交換をしてらっしゃる話も聞いている。

我が子の例をみるまでもなく「私学とは？」と問われたら、「熱い」とだけ簡単明瞭に答えておこう。

教訓　来年はやっぱ私学にしてよかったと思うはず

塾という存在

中学受験をしようと思った場合、塾と無縁でいられるケースはまれである。相性ぴったりの塾と巡り合えれば、中学受験はスムーズである。大手塾から個人塾、星の数ほどある塾のなかから、選べるのはたったひとつ。言ってみればそれは「見合い」のようなものなのだ。しかも悲しいかな、これも言える。「できる子はどこの塾に行ってもできる」のだ。

受験終了組
母たちのケース

「あなたにとって塾はどのような存在でしたか」

受験指導の**プロとしてきっちりやってくれた**と思います。
（男子　進学先偏差値61）

頼れる存在でした。とくに6年になってから替わられた室長がやり手でそれまでの**「頼りないくせにオプションばかり勧める」**というイメージを払拭してくれました。受験前も受験中もいつでも相談に乗ってくれました。
（男子　進学先偏差値60）

あの塾に通ったから合格したと思う。かなり良心的（金銭面で）な塾だった。担任の先生は親身になってくださり信用していたけれど、志望校に関しては親が研究していた。**塾の言いなりにならない**ほうがいいと思う。
（男子　進学先偏差値65）

すべて塾にお任せでした。理科の先生に本当に助けてもらったと思います。精神的にも助けていただきました。**子どもも先生を人間として尊敬している**と言っていました。こんな先生に巡り合えて、それだけでも受験してよかったと思っています。
（男子　進学先偏差値66）

夏休みが終わったころ、あまりにも成績が悪く、それなりに頑張っていた子どもの顔をみて不憫になってしまって、先生に相談しました。個別に移ろうかと思ったのです。でも先生はそんな私の相談にも真剣に考えてくださって、もちろん僕はやめて欲しくないけれど、息子さんのためにはどちらがいいのか今は良く考えないとわからない。でも、もし塾をやめることになっても、僕は受験の前の日には電話をして頑張れよ！　って言ってあげたいし、合格のあとには僕のところに来て笑顔を見せて欲しい。といわれて、ああ、この先生にお任せしよう、**信じよう…**と思いました。
（男子　進学先偏差値52）

兄弟とも一人ずつ**キーマンのような先生**がいました。兄は算数の先生で、この方のおかげでいまだに数学が好きです。弟は偏差値を1年で20伸ばしてくださった国語の先生です。塾の先生の指導能力は相性もありますが、かなり差があると思います。

（男子2人　兄進学先偏差値52　弟進学先偏差値65）

個人塾でほとんどマンツーマンで彼女のペースで教えていただいたことで、受験勉強を自分がするのだという意識が出てきました。そこで6年になったら大きいところで競争力をつけたほうがいいと勧められ、N研に移りました。そこはN研にしてはアットホームな雰囲気があり娘に合っていたようでした。算数の先生は心配して受験前夜に家にまでお電話くださいました。**娘は感激して泣いていました。**これが当日の娘のパワーになったと今も感謝しています。理科の先生も面白くわかりやすく、苦手のはずの理科がいつの間にか成績が上がっていました。

（女子　進学先偏差値51）

とにかく塾長にすがった！学校探しも勉強のさせ方も。打てば響いてくる親身になってくれたいい先生でした。しまいには娘の性格をと－っても良く把握してくれました。受験校スケジュールも先生と立ててました。模試で娘の体調がおかしくなったときも、本番の面接で娘がバカなことを言ったときも、すぐに塾長に電話で相談した（愚痴った？）私です。

（女子　進学先偏差値44）

塾とは、心の支えと、羅針盤のようなものです。ついていけばなんとかなると、信じるしかなかったです。

（女子　進学先偏差値56）

● 塾はこうみる！

面談や保護者会があれば低学年であってもぜひ出席してください。貴重な情報が手に入るばかりか、毎回出席するお母さんの姿はお子さんにも伝わります。また日常のちょっとした気になる点などは送迎時や遅刻欠席などの電話連絡時を利用して、気軽に相談してみると良いでしょう（中萬学院）。

りんごエッセイ
塾は運

たこ太は小学校に行くのを嫌がったことはない。さりとて積極的に行きたがっているようにも見えなかった。大人の目から見ると堅い椅子に140分も座っていなければならない塾のほうが遥かに拷問のように感じるが「塾は楽しい！」と言い、実際、中学に入っても何回も塾に遊びに行ったりしていた。

何が惹きつけるのかは定かではないが、成績に関係なく「塾は楽しい！」という子どもは本当に多い。トップ層の子どもたちなら「この回転体の問題すげーきれい！　俺、ちょっと感心した」っていう純粋な感動があるのかもしれないが、たこ太の場合は「ぎゃーははは、先生が川でクソしようとケツを川に出してたら河童に捕まって便秘になって。スゲー腹が膨らんで今メチャ腹いてーから、この問題やっとけってトイレに行っちゃって、ぎゃーははは…」って話が続いていく。なんの教科での話なのかすら不明であるが、りんごは力なく「そお、そんなに楽しくて良かったね」と答えていた。百ある内容を百受け止められなくとも、一個でも二個でも頭に入れといておくれという気持ちだったのだ。

ある日、たこ太がこう言った。

「お母さん、小テストがあって、俺、3回目（つまり追試）で出来たんだよ。そしたら先生が『たこ太～！ついに出来たのか？　俺はこの瞬間を待ってた。やったよー！』って喜んでさ、すげー嬉しそうだったから俺も喜んであげた」

ちが――う！　そこは喜んであげる場面じゃない！　もう、コイツは先生さまの気も知らず…。もう日本語ができないんだから国語は終わったとあきらめの境地に達したりんこがいたのだ。

とかく塾はトップ層である看板娘&看板息子のためにだけあり、お客であるどうでもいい層には冷たいとの不評があるようにも聞いている。まあ当たらずとも遠からずみたいな部分も垣間見られなくもない。説明会でも「お母さん方、今年の麻布の算数の問題、見ましたか？　もう素晴らしいの一語ですね、云々」という話が延々続く。さらに「今年の御三家を分析したところ、云々」となり、おまけに「灘のこの問題ですよ！」とそう来たか。御三家、関係ないし、灘なんてなんもかんも遠すぎるっちゅーねん！　もう段々眠くなる。

「お母さん、麻布、開成、栄光は学校側が予習をしてくるのが当たり前と本気で思っている学校です！」

あっそっ。そりゃいい学校だね～。だんだん心が遠ざかる。まあ塾側からみたら、こんな親には説明会の価値もなしってとこだろうが、こげな遠くまで足を運んだとゆーのにうたた寝しにきたようなもんだったりして「交通費出せ！」って言いたくもなる。ひがみ根性も順調に育つわけである。

しかし、ひがんでいても扉は開かれないのだ。「門をたたけ、さらば開かれん」と聖書にもあるではないか。もう、これはドスドスたたき続けるしかない。だって、私のすんばらしい金額が塾に移動してるんだよ？　先生、息子が全落ちでもした暁にはわかってんでしょーね～？　陰では強気でガンガン言えるのに、これが先生を前にすると一気に小さくなっていく。成績が悪い子の親は言いたいことすら全然言えずにまったくもってお恥ずかしい。あ～あ「受からなかったらお金はいただきません！」というアッパレな塾に入りたい。どこの塾なら「我が子の実力グイグイ上昇」になるのかな？　もうお預けしたら「完璧じゃん！」、母の手も猫の手も全く必要なしって塾はないものか…。

多くの母は入塾の時期が4年とか5年の早い時期というせいで全く臨場感がないまま入ってくる。それゆえ塾の決定は意外にも単純な理由が多い。「近いから」「有名だから」「子どもの友だちに誘われたから」「お弁当がないから」「口コミ」というものが多い。「オープンテストではめられて」という何となく受けたら気が付いたときには入っていたというのも結構ある。

これはこれで間違ってはいない。塾はこの世にあまたある。受験も担当する総合塾、個別指導塾、受験専門塾。予習型、復習型、個別指導とさまざまである。課題は自主性に任せるので関知しないという塾から、しっかり宿題を出して細かくチェックするという塾までいろいろだ。受験専門塾なら、どこに行っても6年生は100万前後の費用がかかる。やり方はいろいろであろうが、究極の目標は合格であり、それに向かって日々精進していくしかないという点では見事に一致する。つまり、どこの塾の看板目指して行ったにせよ、結局やらなきゃ受からない。しかも同じ塾であっても教室によっても年度によっても全く違う塾になっていく。スタッフ転勤、講師も変わる。隣の母には良い塾でも我が身に良いとは限らない。

要するに「塾は運」。結局、入ってみないといいのかどうかもよく分からない存在なのだ。

教訓 どこの塾を選ぶかは時の運、入ってみなきゃわからない

先生、すがっていいですか？

親にとっても子どもの人生にとっても、ほんの一時ではあるが、塾の先生や家庭教師の先生が神さまに見えるときがある。「神よ、我を導きたまえ」（＝先生よ、我が子を合格に導きたまえ）という心境に誰もがなるのである。受験における先生の役割は大きい。先生の言うことひとつで、母のココロは揺れ動く。ねえ、先生ほんとに本当にすがってもいいですか～？

受験終了組 母たちのケース

「塾の先生にはすがるべきですか？どのような方法ですがればよいのでしょうか？」

塾の先生は信用していたけれど、自分の子だけを見てくれているわけではないから、**アテにはしていなかった。**（男子　進学先偏差値65）

相談に行ったりする機会が多いほど、親身になってくれるようです。また、母である私より、夫が出ていったときのほうがより親身だったような…学習面での丸投げは仕方ありませんが、それ以外では塾にとって都合のよいお客さまにならないように、**こちらが利用するくらいの気持ち**でいるべきです。（男子　進学先偏差値60）

塾は子どもの性格まできちんと把握して受験校を考えてくれているとは思えないんです。結局は自分の子の性格は親が一番わかっているわけで、**性格や子どもの意志を無視して受験校は決められません。**受験は合否を出すゲームではないんですから。塾の合格者名簿に載ればいいだけではないんですもの。そこには息子の青春の6年間が乗っかってくるわけです。そう考えると、他人になんか任せておけないですよ。（男子　進学先偏差値64）

泣きました。それもスッピンで。
（男子　進学先偏差値52）

余裕で合格圏内の子以外は、自宅学習に親が関わることは必要だろうと思う。塾の先生は、親が知り得ない部分、たとえば授業中の様子でどの分野の補強が必要かを**アドバイスしてもらった。**（男子　進学先偏差値61）

すがるべき!! そのための大手、毎年のノウハウの蓄積があります。とにかく具体的に。「算数が苦手なんです」といっても「オプションとってください」と言われるのがおちです。「算数の、場合の数が苦手なんです。どの本のどの問題を復習すればいいでしょう?」と聞いたほうが多分、答えざるを得ないのでは? **丸投げはだめだと思う。**一クラスの人数が多いから。うるさい親だと思ってもらい我が子にかまってもらいましょう。勉強は見ませんでしたが、相談するためにも、スケジュール管理やどの分野が苦手なのかを把握することは大切。

(男子　進学先偏差値66)


すがるべきです。受験校選び、勉強や健康サポート方法、すがればすがるほど親身になって相談に乗ってくれます(またそういう塾じゃなきゃダメ!)。ただし、丸投げはダメ! **やっぱり最後は子どものことを見ているのは親!**です。そりゃそうですよね? 生まれてこのかた、つき合いが長く、我が子を見ているのは親ですから! 親は自分が客観的になれるために塾や周りにすがるべきです。

(女子　進学先偏差値44)


丸投げはダメだと思います。すがって良い先生に当たればかなりすがっていっても良いと思います。しょっちゅう先生に連絡を取り「子どもがわからないと言っているのですが、私では教えられないんです。どうしましょう?」と困っている風にすればよい、と**上手にすがったお母さん**がおっしゃってました。そこのお子さんは絶対無理と言われていた学校に合格されました。

(男子　進学先偏差値41)

● 塾はこうみる!

問題が起きたとき、すぐに教室責任者、科目担当と連絡を取るべきだと思います。少々しつこいくらいの保護者のほうが「この方は子どもの受験に真剣に向き合っている」ということがより伝わるし、問題点に対する方策も2人3脚で考えられます(シドウ会)。

りんごエッセイ

塾に不満を感じたら

銀杏の葉っぱがアスファルトを黄色く染めるころ四季のなかでもとりわけ人恋しい季節が訪れる。りんこは受験を下手に人に話した日にゃ、あとでボコボコにされる経験を何度もしていたため、誰にも何も言うことができなくなり、人恋しさがいっそう募る毎日を送っていた。

そんなとき「お母さん方、塾にはお母さん方の精神安定剤になるという大事な務めもあるんです。何か不安なことがあったら些細なことでも構いません。その不安を野放しにしないでスタッフに言ってください」と室長が言った。早速「せんせ〜い！」とばかりにお邪魔する。電話をかけて個別面談をしてくれるように頼んだのだ。「人恋しい母」はあふれているらしく、室長の時間を押さえるのは結構苦労を伴った。室長は人気者だったからだ。そんな折り、他塾の母が電話をしてくる。

「あたしもこないだ塾長面談に行ったのよー。それでね『何が不安か分からないんですけれど、ただ毎日不安なんです！』って言ったの。そしたら塾長が『じゃあ、何が不安か分かったら、また来てください』って。ねえ、それだけなんだよ！　信じられる？　これが上位クラスだと全然言ってることが違うんだから。暴れてやろうかと思った！」

このように塾に不満を持つ母は意外と多い。「絶対、呪う！」とまで言い切る母もいる。その軋轢《あつれき》はさまざまで各人各様なのではあるが、多くは「塾の営利追求体質」が我が子を押しのけてまで前面に出てくることに由来しているようにも思う。「偏差値ではない受験を」という言葉の裏に「偏差値順の受験校」が並んでいることもシバシバ見受けられるのだ。

下位クラスの不満のひとつに「先生がコロコロ変わる」ということがあるらしい。しかもアンタ、バイトでしょ？ ってノリ。親身にはほど遠い。春に会ったら銀行員になっていたというケースも聞いたし、塾長そのものが6年の晩秋に消えてもーたというケースもあった。講師の指示がバラバラだという悩みもよく聞いた。解き方も解説も微妙に違う、式を書けと言ったり、必要ないと言ったり、一体全体どっちやねん！

それより何より母が一番むかつくことがある。それは「アンタの飯の何粒かは私が出している」にもかかわらず、その対応はなんやねん？ ってとこだ。ある母が公開の点が下がったのでアドバイスを求めて講師に聞きに行ったという。「こんな点数しかとれないのは、やる気がないからじゃないですか」のひと言で面談終了。その講師は点数が上がった我が子にわざわざ「どーせ今回だけだな」と耳打ちしたと言う。いきなり3者面談の席で怒鳴り散らす塾長もいるらしい。「やる気がないのか、エッ？ A中？ まず無理だな。このままじゃどっこも行くとこないね」と言われ、萎縮した子どもはすっかりやる気を失ってしまったと嘆いている。「『気が小さいから怒鳴らないで』と事前にお願いしたんだよ。それなのに…」子どもは受験を「辞めたい」と大泣きしたと言う。

塾の先生たちと接触そのものが困難な場合もあるらしい。事前に予約していろいろアンケートを書かされた挙句、1ヶ月半待たされてやっと面談。それで「もう少し早く」とお願いすると「お母さん、私たちは忙しいんです。生徒もお宅だけじゃないですし、ちょっとは配慮してもらわないと。ここから1時間半かかる△▽校舎で夜中の11時からなら」と返される。

「学校も塾も子どもは人質？」と母が泣く。塾の名前に関係なく先生の当たりハズレが大きいのもまた事実。

では外れたときはどうするのか？　話がここでは通じないと異文化を感じたならば、子どもの気持ちを確かめて転塾するのも一案だ。そこに居座る意味はない。ただ何をもって転塾するのかという確固たる意志をもっておこう。転塾先で同じテツを踏むことがないようよく確かめよう。塾は大事だ。親子でお気に入りの先生を見つけることができたなら、受験の負担は相当減る。まずは子どもの話を雑談のなかで聞いてみる。子どもが気に入っている先生、間違いなくいい先生である。その先生とだけでも積極的なコミュニケーションをとるべく努力する。講義終了時刻を待ち伏せして最初は軽くご挨拶。そのうち「先生、3分時間をください！」とひとつだけ質問する。塾の先生には具体的に質問したほうが精度は上がる。「どの学校がいいですか」ではなく「○中志望です。比が分かりませんがどうすれば？」とピンポイントをつくようにメモを持って挑もう。ひとつひとつが3分でも積み重ねると仲良しだ。

ただし「ここまでやってらんないよ」という母。あなたも正しい。待ち伏せは切羽詰って人恋しい母だけがやればいい。ゆめゆめ「こうしなくちゃ！」と自分を縛ることなかれ。もう受験は母がやりたいようにやっていく。それでも何とかなるものだ。

教訓
子どもが好きな先生がいい先生、迷わずすがるべし

うなぎさがりな成績

うなぎのぼり〜見る見るうちに、どんどんのぼってゆくこと。これだったら言うことない。たとえ偏差値30からのスタートだって受験間際には偏差値60、70も夢じゃない。ところがどうだ、見る見るうちに、どんどんどんどん下がってゆくじゃないか、名付けてうなぎさがり。全くもってこれじゃあ、どうしていいかわからない!!

受験終了組
母たちのケース

「ウナギさがりな成績を経験したことがありますか。またこうやったら伸びましたというのがありましたら具体的に教えてください」

6年の前半で偏差値が**じわじわと10下がり**、このままいくと最終的にどこまで下がるのかという恐怖に怯えました。低迷の原因を見極め（ウチの場合は凡ミスと不注意）、その克服に努めた。
（男子　進学先偏差値61）

ウチは実は最初はN研でずーっと特組で某教室ではいつもベスト5に入っていたんです。でも最初が一番良くてどんどん下がり続けましたよ～（涙）。こうやったら伸びた…**そんなのがわかったら苦労しません**（笑）。
（男子　進学先偏差値58）

ずーっとにょろにょろでした。
（女子　進学先偏差値51）

うなぎさがりはなかった。最初がすごすぎたせいかと（笑）。乱高下はありました。算数の過去問10年分を分野別にやったら、**算数の成績がひとつ山を越えた**と思います。
（進学先偏差値66）

入塾が遅くてやっていない単元が多かったので、夏休み明けに合格判定模試が始まってから急に成績が落ちました。いろいろ悩みながらも**こつこつ頑張って**問題を解いているうちに成績が戻りました。
（女子　進学先偏差値56）

わりに**安定していたので、経験なし。**こうやったら伸びる方法もなし。地道にやるしかないのでは？
（男子　進学先偏差値58）

うなぎさがりということは、最初はある程度上のほうにいないとできないはず。うちの場合は、常に下のほうだったので、**経験できなかった。**
（男子　進学先偏差値59）

6年生の後期。**ジリジリとさげ続け**ました。伸びる方法があったら知りたかった。
（男子　進学先偏差値66）

高いところに成績が上がらなかったので、うなぎさがりはなかった。**落ちたら地元の中学だよ**と言い続けた。
（女子　進学先偏差値54）

乱高下を繰り返したまま入試に突入してしまい、最後まで**何がよかったのか**実は今ひとつわかっていない。
（男子　進学先偏差値54）

6年10月に突如うなぎさがりになりました。スランプの脱出は**基礎に返る**ことです。
（男子　進学先偏差値60）

りんこエッセイ

急がば回れ

「うなぎのぼり」という言葉がある。成績グイグイ急上昇。もう母にとっては花園にいる蝶の気分。天国だ。りんこは受験生を分別するとするならば「可燃」「不燃」「資源」「粗大」に分かれると思っていた。「燃えまくる集団＝可燃グミ」「燃えないグループ＝不燃グミ」「特待生チーム＝資源グミ」「深海魚＝粗大グミ」このように大別されると思っていたのだ。しっかし新事実判明。これに「エレベーター組」が加わるのである。「上に上がりま～す、下に下がりま～す」この繰り返し、どれがホントの力か全くわからん。

やっても、やっても全く上がっていかない気持ちも辛いが、最初が良くてあとは悲惨、下がり止まらない「うなぎさがり」という成績もあるらしい。母の落胆度はどちらか言えば期待が大きかっただけにあきらめきれない「うなぎさがり」に軍配があがるそうだ。正直、りんこはどっちにしろ「うなぎ」になったことがないので、最高峰に上りつめたと喜ぶやいなや、急降下していく「うなぎさがり」の気持ちは分からない。しかし母からすれば、最高の点数をとったときがこの子の真たる実力と信じたい。勢い母もヒートアップしやすいのだそうだ。このように成績が下がっていって、もうどうにもこうにも煮詰まった母子はたくさんいる。そして解決策はこれしかない。「基礎に戻れ」である。

分からなければ同じ種類の5年生の問題をやってみる。どこから解らなくなってしまったのかを掴むことが「うなぎさがり集団」への一番の特効薬であると聞く。ケアレスミスなら、そのミスがどこで出たのか分析する。筆算の位取りがいい加減なのが敗因なのか、四捨五入のミスなのか、そのひとつひとつ軽くでいいから見直しすることが大切だと先輩母の多くが語る。一度ではこの病気？　は治らないそうだが、繰り返し印象づけることにより、本番までに「気をつけなきゃ」という意識が芽生えていく。

そして母は繰り返し、こうも言うそうだ。「あなたのホントの実力はこれではない。必ず元に戻っていくから、あきらめないでこつこつやろう」かえって子どもにプレッシャーをかけるだけになるのでは？　と危惧する向きもあられよう。しかし多くの子どもがこういう母の励ましで力強く乗り越えて行っている。「小さなことからこつこつと」というものだけが受験の王道であり、また抜け道でもあるのだろう。

「うなぎ娘」（さがりチーム所属）がいる。４年生のオープンテストでは塾からゲームをもらえるほどの名前漢字組。塾からは「お嬢さんはどこだって大丈夫。どうぞご自由に進学先をお選びください」とまで言われたそうだ。母はもう感動の嵐である。「御三家がいっかなー？　それとも中等部？　国立系もおいしそーだなぁ」とメニュー表を眺めてはうっとりしていた。ところが、その後、娘は順調に下がり続け、母はメニュー表の目線をずらさざるを得ない。娘にしても一番最初に強烈な「プライド」の刷り込みが出来上がってしまったので「できない自分」は「本当の自分」ではないのだろう。母がいくら「志望校を再考せよ！」と訴えようとも頑として「ここに行く！」と譲らない。

ある日、母と娘に大バトル勃発。娘が勉強部屋でなにやら真剣に書いているので「エンジンがやっとかかったか…」と喜びながら近づいてみる。なんとこの期に及んでの真剣なお絵かきタイムであった。母は有無も言わさずそのノートを持つやいなやと愛娘の目の前でビリビリに引き裂いた。翌朝、娘の部屋に行ってみる。机の上には引き裂かれたノート。セロテープで補習された懸命な痕跡だけが残されていた。よくよく見るとそれは娘と親友の交換日記。そこにはこう書いてあったという。「やなことたくさんあるよ。疲れたし。

辛いよ。怖いよ。どこにも受かんないかもしれない。でも、私、絶対頑張るから応援してね…」

その日、帰宅した娘は玄関で靴を脱いだ状態でランドセルの上に丸くなって眠っていた。「疲れてるんだなー、疲れてるんだなー」その言葉ばかりを繰り返し繰り返し母が言う。体中が涙で震えているよ。

「小さな体で不安なのを押し殺して必死に頑張ろうとしてたんだ。精一杯、戦っていたんだ。それなのに…」

いいんだよ。たとえ怒りに任せて破いてしまったとしても、それはそれで仕方ない。子どもに悪いと思っていても、素直になれずに謝れなくても、それで親子がどうのこうのとなることもない。呵責《かしゃく》に喘《あえ》ぎながら少しだけ優しくなれればそれでいい。もう受験時代はいろんなことが起こるのだ。

「うなぎさがり」であってもなくても、受験時代にはシンドイときがたくさんある。偏差値が高くても低くても数字はどうでも、大多数の母に、子どもに、受験は辛い。数字がどうあれ入学試験会場となる現場で問題に挑まなければ12の冬は明けてはいかない。

りんこは切なくて、ただ切なくて、ひたすらひたすらひとりひとりの合格の春を祈る。きっとみんなで、みんなでお祝いしよう。

教訓
下がっても気にせず、入試本番にできればよし

夏休みは天王山!?

受験にかかわる誰もが「夏は受験の天王山」だと言う。確かに朝から晩まで塾にも行った。ため息が出るほどの課題もこなした。ところがどうだ、偏差値は微動だにしない。あんなに頑張ったのにこれはどうしたことなのか。我が子の夏は、お尻に火がつく、これじゃあまるで比叡山!?

受験終了組
母たちのケース

「振り返って夏休みはどうでしたか。天王山だったと思いますか」

意外と大したことできないままに過ぎてしまうものだという印象でした。塾の夏期講習に行って得たものは大きかったかも知れませんが、**家庭では大したことはできやしません、はい。**
（女子　進学先偏差値69）

とにかくハードで**量をこなした**という印象です。本当の山はもっとあとだと思いますが、乗り越えなければならない山のひとつです。穴埋めが不十分だったと思いましたが、終わると結構できるようになっていました。
（男子　進学先偏差値60）

塾の先生とうまくいかずとても苦しい夏休みでした。天王山だったとは思っていません。塾の宿題と学校の宿題に追われて、させようと思っていた漢字の勉強ができなかったことが一番残念でした。**できたことは…ないです。**
（男子　進学先偏差値41）

夏休み中、朝から晩までお弁当2個持っての塾通い。今振り返ると確かに天王山だったかもしれません。**親も子もそんなもんだと思っていたが**ひと足先に中学生となった姉がのんびりしているのを見ながらだったので本人はときにはしんどかったかも。2年連続の受験で小学生の弟は旅行にも行かれず気の毒だった。
（女子　進学先偏差値62）

算数の積み残しがある程度できた以外は、夏期講習の課題をこなすだけで精一杯だったと思う。でもそれで充分なのではないかな。**あの長丁場を耐えること自体が「天王山」**だったのだと思う。
（男子　進学先偏差値61）

長時間の勉強に耐えたという体験。あとは、総復習ができたこと。
（女子　進学先偏差値56）

天王山？　だったのでしょうね、結果的には。あんなに勉強したことはあとにも先にもあれ一度なのですから。だけれど、あおられるとか、追い込みとかそういう感じではちっともなく、たんたんと課題をこなして、**気がついたら日々が過ぎていったという感じだと思います。**子どももやけに淡々としていました。
（男子　進学先偏差値66）

その後の冬期講習に比べたら少し余裕があったような気がしました。塾が休みのときは母子で映画を観に行ったりする余裕もありましたので。できたのはそれまで習ったことの復習。できなかったのは入塾が遅くて勉強していない単元でした。**夏休みに頑張りすぎて燃え尽きてしまった**子の話も聞いたので、冬休みに頑張りのピークがきたのは良かったのかもしれません。
（女子　進学先偏差値56）

天王山と言われたが、**丘程度だった。**夏期講習のカリキュラムをこなすだけで、いっぱいいっぱいだった。
（男子　進学先偏差値59）

塾はこうみる!

夏休みは塾ですることと家庭ですることと、勉強内容を分けることだと思います。それは科目でも単元でも構いませんが、棲み分けができるといいと思います。ぜひ塾に相談してみてください（明光義塾）。

りんごエッセイ

ウルトラマンに敬意を払って

「夏休みって本当に天王山なの？」

なに寝ぼけかましたこと言ってるんです。

「え～？　じゃあ、塾があんなにすっきりさわやかに言ってくれちゃった『夏の成果が勝敗を決する』って言葉は本当だったんですね!?」

なにお目めウルウルしてるんですか。そんな目で見てもだめですよ。

「でもね、りんこさん。私の夏はもう終わってしまったんですぅ～！」（母号泣）

私の夏じゃなくて、私の息子の夏でしょーが。ったく、そっからして違ってるよ。

「あ～、りんこさん、じゃあ、じゃあ、もう夢も希望もないんですね、私には！」

「あーもー！　さっきからグチャグチャとウルサイっちゅーの！」

「だって、だって、天王山が～～～!!」（母、絶叫）

「うるさーい！　天王山なんて、どっこにも、ね――――！　つーの！」

なーによ、鳩が豆鉄砲くらったような顔しちゃって。だから、あなたの息子の夏はどこにも登らずに過ぎ去ってしまったんでしょ？　そんなん、あったりまえだっちゅーの。だって山、ないもん。

「ヘッ？」って顔されても、そもそも「天王山」なんて山、最初からないし、ない山は登りようもござんせん。まあ雲上人である「ぶっちぎり君」にはあるかもしんないですけれど、そんな雲の上、行ったことないし、もう我々庶民にはせいぜい「天王丘」とかなんじゃないっすかねー？　な〜に？　なんかご不満？

「だって、たこ太は夏、あんなに頑張ったんだとか言ってませんでした？」

言いましたよ。誰かと比較することなく、たこ太だけを見つめた場合、彼にとっては史上初といえるほどの勉強時間をもって夏が過ぎたんです。誰かと比較しちゃえば、そりゃあ「山登り」しようしようと思ってるうちに9月になったって感じかもしれませんけど「今までの彼」と「夏休みの彼」とを比べたら、時間的にはずっと塾にいたんですから、その意味で「すごい！」と申し上げたというだけです。そりゃ、あたくしだって塾から「お母さん、天王山っていう言葉の意味、知ってますよね？」なんて言われたもんです。

「朝から晩まで塾に缶詰？　可哀想？　とんでもない！　夏やらずしていつやるんですか！」

「お母さん。勉強しすぎで死んだヤツはいません！」「夏が正念場です！」

もう焦りますわよ。おいおい、脅しかよ!?　って感じで夏期講習の申込書が配られて、簡単な足し算すら出来なくなってオプション講座をたくさん取っちゃったんですもの。子どもの計算ミスを怒れませんわ。

勉強合宿を組む塾もあれば、夜の10時過ぎまで居残り特訓をさせる塾もあります。やればやるだけ、もれなく実力がグイグイついてくるなら、迷うことなく塾に放り込みます。タイマイはたこうが、弁当を何食、塾にお届けしようが、それで受かるのであれば、やったるわい！　なんでしたら、お布団を塾に持って行くので寝させないで特訓していただいてよーござんす！　って気分にもなるというものですわ。…しっかしです。大多数のお子ちゃんは「お勉強嫌い」で「めんどくさがりや」なんですね。しかも、成績低迷であっても特別くやしがるわけでもなく、ただ淡々と塾に行ってくれちゃうわけなんです。

「おーい！　塾行って、弁当食って、帰って寝るだけかー？　おーい！　聞いてますかー？」

母の耳元での叫びも全く聞こえない子ばかりです。そんなこんなで、なんのかんの言ってるうちに夏が終わってもーた…。天王山と言われる夏が逝ってもーた…。もう戻って来ない！　ってヤケにもなりますって。聞いた話ですが、小学生の集中力なんていいとこ20分が限度らしいです。講義時間をフルに集中できる子なんていやしません。ですから、塾の先生の多くが緩急をつけて雑談しながら、子どもたちを飽きさせないようにしてらっしゃるんですの。もう、この20分。いえ、庶民の中の庶民ですからそんな贅沢言っちゃいけません。円谷プロ好きのりんこと致しましてはウルトラマンに敬意を払って、せめて3分。70分のうちの3分集中して答を自分のものにしていただけたならば、それでいい。夏はそれでいいではないですか。

夏、「天王山」登頂断念になったとしても気にしない。9月に入試があるじゃなし、気候が良くなってから、また新たな気持ちでやればいいんです。もう「夏は塾に行っただけ」大成功ですね。朝から晩まで堅い椅子に黙って座ってなくちゃいけないんですよ。しかも毎日。これができた子たちは何でもできます。いいですね。1回しか言いませんよ。よっく聞いてくださいよ。

「夏、行っただけすごい！」拍手～～!!

教訓

夏の天王山は塾に行っただけで大成功!?

受験における父親という存在

よく言われることだが、中学受験は母と子の受験である。そう、決して父と子の受験ではないのだ（もちろん例外はある）。せっぱ詰まった母にとって、全身全霊で中学受験に取り組んでいる母にとって、中途半端に参入してくる父親ほどジャマなものはない。中学受験における理想的な父親の姿とは、果たして…。

受験終了組
母たちのケース

「受験における『父親』という存在をどのようにお考えですか」

受験勉強に関しては基本的にノータッチ。母子鷹コンビがしっかりタッグを組んでいたので、入り込みようがなかった部分もありますが。その分、一歩冷めたスタンスで、とかくヒートアップしがちな母の**ブレーキ役をしてくれた**と思います（ジャマ者ともいう）。口は出さないけれど、お金は黙って出してくれたから、ある意味理想的？
（男子　進学先偏差値61）

私の精神安定剤。私が息子を叱って夜自分の不甲斐なさに泣いていると「ママは一生懸命にやってるよ、あとは彼のやる気を信じよう、ママはそれを最大限に引き出すように」と言ってくれた。
（男子　進学先偏差値52）

家庭教師もどき。さすがに、姉から数えて4年目になると、算数の教え方も多少は上手くなっていたので、復習につきあうことはできた。
（男子　進学先偏差値53）

息子に切れ続ける**母のブレーキ役**だった。母が怒り爆発したときに、別方向から攻める。
（男子　進学先偏差値54）

協力してもらうと非常に助かる存在だが、**一歩間違えると**ものすごくジャマな存在になる。
（女子　進学先偏差値44）

父親は母が頼んでようやく説明会に行く程度。勉強に口出しはしなかった。**その程度でちょうど良い**。志望校に関しては話し合った。（男子　進学先偏差値65）

うちにはいませんので分かりませんが正直なところ、**いなくてよかった**ような気もします（皆さまのお父さんごめんなさい）。（男子　進学先偏差値41）

スポンサーかな～。男の人はとにかく頑張れと言いがちなのですが、それってけっこう**受験生にはプレッシャー**だと思います。我が家はちょうど6年生になるころから単身赴任だったのでちょっと気楽でした。（女子　進学先偏差値58）

父親が加わると、**本人の自覚も変わるようです**。私としてはスポンサーとしか考えてなかったんですけど…。（男子　進学先偏差値60）

スポンサーさま。
（女子　進学先偏差値49）

我が家は主人の協力なしでは乗り切ることはできなかったと思うが、娘たちに対してすぐに切れるのが悩みの種だった。そうやって叱っている暇があったらもっと問題を解かして欲しかった。**主人のスパルタ**は未だに娘たちには苦い思い出になっているらしいが、その反面、そのスパルタがなかったら今の結果が得られていたかどうか疑問である。とくに長女は塾に通いたがっていたので、いまだに塾に行かせてもらえなかったとつぶやいている。（女子2人　進学先偏差値共に58）

ばいおれんすキレおやぢ

世の中には「キレおやぢ」が実に多い。別にお尻の病にかかっているわけでもあるまい。しっかし何でこんなに一速飛びに怒るかなーってくらい、すぐキレる。素敵なマダムたちはたいていこう言う。

「家のは全く怒りませんわ」

受験中の素直なりんこは「そうなんだー。やっぱ、たこゆきの感情線が短か過ぎるんだな。ったくあのおやぢはどーしよーもない！」と思っていた。

もっと言えば「はずれクジのスカを掴んでしまった気分」だった。しかし時は流れ、りんこは「学習するりんこ」になったのだ。人の言葉の「アヤ」を読む！　思えば大人になったものだ。「家のは全く怒りませんの」の裏に隠された真実。

あるおやぢは単に接触時間がなかったから、怒りたくとも怒れなかった。なぜなら単身赴任だったから。また別のおやぢは成績のことでは全く怒らなかった。しっかし、よくよく聞くと「態度がなっとらん！」「やる気がない！」「この場に及んでサッカーするか？」という、たまたま目に入った子どもの様子が気に入らない！　というわけがわからん理由でキレていた。まれに怒らないオヤヂもいる。しかし「不機嫌光線」を半径3ｍに撒き散らしたり、「ノータッチ」宣言をしたくせに、いきなり出てきてテキストをビリビリに破ったり（母と子の言い争う姿に「受験はやめだ！」と突然キレたらしい）、「数学で解いたほうが早い！」という自説を曲げずダンマリを決め込んだり、チラッと見る横目に「コイツはバカだ。こりゃダメだ」という吹き出しが出たりいろいろしている。怒らないと言われるおやぢでも結局、受験勉強の阻害となり邪魔なことこのうえないのだ。ある母はこう言った。

「家はね、11時までは家に帰ってくんなッってダンナに言い渡してあんの。もう子どもをおだてておだててやっと机に座らせて、さあこれからっていうタイミングで帰って来てごらんなさいよ。『飯だ』なんだって邪魔してくれるから、もう気が散るなんてもんじゃないわよ！『チッ、帰ってきちまった』って思わず言っちゃうもん」

「いいとこ取り」のおやぢもいる。「ママはオマエのことを思って怒ってるんだぞ」という慰め役に徹し、ドーンと構える偉大なる父親像を自作自演。妻は感謝するどころかダンナに憎しみすら感じる瞬間だ。

だいたい夫婦のどっちかが怒っていると「そんなに言わんでも！」と怒ったほうを悪者にし、ついつい子どもをかばってしまうのが世の常だ。逆に怒ったほうは立場をなくし余計に腹立たしくなる。両方が怒ると子どもが悲しいので、これはこれで正しい道だが、夫婦関係は悪化の一途を辿りやすい。

勉強を自らみているおやぢのキレ度は振り切れている。そんなおやぢのなかでも最も処理に困るのが「ばいおれんすキレおやぢ」の存在である。

これがかなりいる（ばいおれんす母も多いが自分の手も結構痛いらしく「相打ち」「痛み分け」になるので、まあ心配いらない）。母からみれば我が子がキレおやぢに虐待されているかのような錯覚に陥るので悩みが深くなる。「ああ、あんなにホッペが赤く腫れて…」

子どもが男だろうが女だろうが関係ない。母が泣くのは、これが「本当に悪いことをしてぶたれるのではなく、受験に対する姿勢が云々というだけで殴られる」という理不尽さにある。「もう、この子はグレる。このおやぢのせいで…」

殴られたほうの子どもはどうかというと、これが一生忘れていない。それほど恐怖にも理不尽にも思うことなのだ。ある母はこう言った。

「習い事も受験という親の都合でやめさせた。それなのに『やる気がない』というだけで殴られる息子に私は『受験やめようか』って言ったの。でも息子は『今やめたらアイツ（父）に殴られ損だろ！』って言い切ったんだよ」

鋭い眼光でおやぢを睨み返した娘もいる。「俺は受かってヤツを見返してやんだ！」って言った息子もいる。だけど、世のお父さん諸君、安心していい。不思議なほどに子どものことを「思って思って思って出た鉄拳」は変なことにはなっていない。受験が終われば「似た者親子」。笑いながら話をしている。多分、父親はそういう負のエネルギーをもプラスに転化できる我が子であることを直感的にわかっているのだ。バイオレンス体験を話してくれた友人たちの子どもは、みんなリタイヤせずに、それぞれの学校に生き生きと通っている。

しっかしお受験、金かかる。おやぢはなるだけ遠くで金を出せ！　と言ったら言い過ぎか。

教訓

母いわく、父親は出てくんな、でも金は出せ！

志望校を決める前にDNAをチェックせよ!

世の中には、生まれついて頭のいい子というのがいる。それは一族揃って東大だとか、大して勉強しなくても超難関校楽々合格だとか、一般庶民には到底理解できないお話なのだ。つまり、そういう子と競争しようっていうのが所詮無理な話。DNAからして違うのだから。私たち凡人はひたすらもがくしかないのである。

受験終了組 母たちのケース

「頭の良し悪しは遺伝だと思いますか」

良し悪しはともかく、「発想」「思考回路」は遺伝要素が大きいように思います。うちの場合、上の子は母、下の子は父の思考回路を受け継いでいるようです。勉強教えるのは**同じ思考回路のほうがいい**（違うと、なぜ理解できないのかが理解できない）。
（男子　進学先偏差値61）

遺伝というか**持って生まれたものはかなり大きい**と思います。「ほとんど勉強しなくてもものすごく成績がいい子」というのがこの世にはたくさん存在することが分かり、驚きました。
（女子　進学先偏差値56）

まぁ、その部分は否定しません
（男子　進学先偏差値60）

ある程度は遺伝かなと思いますが、**中学受験だと本人の精神年齢もものを言う**かなと思います。
（女子　進学先偏差値58）

DNAは嘘つかない！　と思います。蛙の子は蛙。努力できることも才能のうち、自分は過去にいったいどれほど努力した？　と問うてみれば、いろいろ妥協したことも数知れず…時代背景は違うけど、正直いって、**息子にとやかくいえる立場ではない**かも。「東大に入る子どもの半分は、親も東大。近親に東大へ入ったものがいなければ、あきらめなさい」と塾の代表が話していました。たまに突然変異もありますが…。
（男子　進学先偏差値47）

ちがうでしょう。でも、**生まれたあとの環境っていうのは結構影響ある**かな、と思います。
（女子　進学先偏差値69）

トップクラスでは遺伝子だろうと思う場合が多々ありました。しかし、それ以外では**家庭環境（子どもが落ち着いて育っていける）と良い先生、良いカリキュラムに巡り合えるかどうか**だと思います。本当は公立の学校でももっと真剣に取り組めばいくらでも子どもを伸ばすことが出来るような気がします。

（女子　進学先偏差値51）


遺伝じゃないにしても生まれつきの部分があると思います。運動神経って生まれつきじゃないですか、**頭だけ努力だということはないと思う。**でも、そう言っちゃあ実もふたもないので先生は言わないのかも。運動神経と同じように、その後の筋トレや走り込みで補えたり伸びるというのも確かだと思う。同じ兄弟でも、明らかに違うのはやはり生まれつきかな。

（男子　進学先偏差値66）


遺伝…じゃないと思う。**幼児期の母の教育**。洗脳（あなたは頭が良いと言い続ける）。ちなみに我が家は両親共三流私大だけど息子は御三家。

（男子　進学先偏差値65）


正直、悲しいけれどあると思います。

（男子　進学先偏差値66）


どうかなー？　私の子にしては頭が良かったので**遺伝ではないかも。**

（女子　進学先偏差値62）

● 塾はこうみる！

偏差値はどこまで伸びるか、遺伝が偏差値に影響するかどうかは「だれもがイチローにはなれないし、イチローも最初からイチローではなかった」のと同じです。お母さん自身もそのことは十分わかっていると思います。学習量、質、環境などによって、学力の伸び具合は子どもそれぞれだということです(中萬学院)。

りんごエッセイ

トンビがタカもどきを産む方法

問い「偏差値55以上は遺伝ですか?」答え「遺伝です」ちゃん、ちゃん。おい! 話が終わっとるやないけ? そーじゃなくて、遺伝は知ってるちゅーの。トンビから鷹さまが出てくる%はミクロの世界ってことは! でもですね、でもですよ、もう賽は投げられとるわけで、既に大金をつぎ込んでいる母としてはですね、「真正鷹」でなくてOKだから「もどき」でいいです、この子をどーにか「鷹」っぽくしていただきたい! そんな方法を「猿にも分かる」くらいの平易な言葉で教えて欲しい。私は聞きました。あなたは奥ゆかしくて聞けないだろーから、私の伝聞で我慢してください。

「みにくいあひるの子の我が子も本番ではとびきりの白鳥になるんですよね!」

さっすが塾の先生。修羅場をいろいろ乗り越えていらっしゃるのでしょう。びっくり発言にも微動だにしません。答がちゃんとあるとゆーことに、驚きます。Y谷のある先生はこうおっしゃいます。

「う~ん筑駒と桜蔭。これ、努力じゃどーにもなりません。遺伝です。でもですね、お母さん。それ以外はたとえ御三家といえど、努力でどうにでもなります。鷹になりたくば頑張りなさい。やるしかないんです」

そんなこと言ったって、何をどんな風にやれば「鷹っぽく」なってくれますの? N研の先生はこうおっしゃいます。そうです。みんな大好きうっとり先生ですわよ。

「お母さん、なぜ、塾に行くのか分かりますか?」

なぜって受からせてもらうためだろーが。分かりきったことを今さらどーして? とは思いますが、彼は、ゆっくりと一語一語を言い含めるように、こう言ったのです。

「授業の中で解き方を習うためです」

はい？　なんですか？　ワンスモア、プリーズ。

「受験には絶対に必要な3つの力があります。基礎力。これが必要なことは分かってもらえますね？　ここができるとかなりの学校に合格可能です。ひとつクリアですね。ふたつめです。注意力。設問の意味を取り違えないとか、条件を正しく読み取るとか、そういうことは当然として、問題文の中、図表の中、これらに隠されているたくさんのヒントを見つけていく力です。宝探しをするかのように楽しみながらヒントに印をつけていく、これが注意力です。これができると上位校の扉が開きます。最後に発想力があります。分かりやすく言えばセンスです。どういう風に解くのかを考える力です。これはお母さん、磨かないと絶対につかない力なんです。そのために塾に来るのです。これは塾に来て解き方を習わなければなりません。これができるようになれば、必ず行きたい学校に行ける。これは僕が保証します」

「お母さん、先ほどあなたは『偏差値が高ければ高いほど好き。どーすれば高くなるのか？』とお尋ねでしたよね？　先ほど申し上げた3つの力を家ではなく『授業の中』でまず身に付けるようにすればいいんです。ただボーっと聞いていてはダメです。

まず授業の中で解き方を習う。こういうやり方とこういうやり方の2種類があるのだということを出来るだけたくさん知ることが重要なんです。それからとことん解く。問題をとことん解くんです。講師の解答をボケーっと聞いているだけで、その問題が終わったら力はつきません。自分の力でできるところまで解いていく。これができていけば偏差値は突き抜けるでしょう」

さわやかに「突き抜けるでしょう」と言い切られてしまった。3つの力と言われても、その1からつまずいているという、この事実。ゾンビ顔になってしまったりんこを見て哀れに思ったうっとり先生。「僕は今までがどうであろうとも、秋以降の姿勢でどうにでもなると思います。まずひとつずつの条件を毎日やっていけば十分間に合います。これからです、何もかも！」

え〜やっぱりぃ？　そーでしょ、そーよねぇ。さすが先生、エエこと言う。これから伸びればいいんじゃん。「基礎力・注意力・発想力」「基礎力・注意力・発想力」この言葉を「青パジャマ、赤パジャマ、黄パジャマ」のごとく繰り返す。「きちょりょく」と言葉を噛んで冷静になった。しっかしなんだぁ？　結局「集中力」ってもんがなければ、どれもモノにならんのじゃ？　この「集中力」たるものが「秀才遺伝」の鍵かもしれない。

そうなのだ。遺伝は確かにあるだろう。しっかし今となってトンビの我が身を恨むよりトンビならばトンビなりに空を飛ぶ。そうだ、何も鷹で飛ぶ必要はないのだ。空にかわりはあるじゃなし、飛んでしまえば皆、鳥だ。母よ、何鳥でもいい。空を舞おう。

教訓

今さら遺伝を恨んでも仕方ない

受験をやめたくなるとき

「こんなに大変なの？」というのが中学受験への、たいていの母の正直な感想だ。順風満帆、なんの心配もなくさらっと合格まで行くなんていうことは、本当にまれで、みんなどこかでもうやめたいと思っている。でも、子どもは頑張っている。小さな体で本当に頑張っている。だからやめたくてもやめられない、それが中学受験なのだ。

受験終了組 母たちのケース

「受験をやめようと思ったことがありますか？それはいつですか」

子どもがやめたいと言ったときに迷いました。でも「途中でやめると言うことは、投げ出すということだ」と主人は言い、**「やったことは無駄にならない」**という私の気持ちとぶつかりました。結果的には最後までやってよかったと思います。一生懸命やりぬいたという経験は彼の宝物だと思う。

（男子　進学先偏差値66）


6年になってからずっと。でも、**子どもがやめたがらなかった**。なぜなのかはわからない。できなくても「やめたい」とかいう子ではないので。そこが息子の不思議なところです。

（男子　進学先偏差値52）


「やめてしまえ！」と切れたことは2、3度ありますが、本気ではありませんでした。

（男子　進学先偏差値53）


あります。本人の**やる気のなさに根負け**してしまいそうになったとき。頑張っても結果が出ないときに「息子の能力では無理かも…」と思ったときです。

（男子　進学先偏差値41）


6年12月。初めて受験をやめようと思った。

（男子　進学先偏差値65）

ありませんでした。「やる気がないならやめればー」と言ったことはありましたけれど。

（男子　進学先偏差値65）


6年の前半、夫ともめているとき、父と母の間で揺れている娘を見て、「なまじ**娘を苦しめるための受験**ならやめたほうが良いのでは？」と思いました。

（女子　進学先偏差値44）


幾度となくありました。態度にやる気が見えなかったときは、それにプラスして「別にいいんだよ、ず～っと塾に通った挙げ句に公立に行けば」とついつい言ってしまいました。

（男子　進学先偏差値64）


言葉ではいく度となく「やめる！」と言っていたおやぢですが、多分心の底からは、やめようとは思っていませんでした。

（女子　進学先偏差値60）


ありません。ともかく**1年突っ走れとお尻たたいてました。**今考えると無謀です。駆け込みはやるっていう人がいたらできないことはないけれど、おすすめはしません、厳しいです。

（男子　進学先偏差値60）


塾に入ってすぐに思いました。中学受験の**勉強が予想以上に大変で、塾がとても異常に見えました。**入塾が遅かったことは最後の最後まで悔やまれました。

（女子　進学先偏差値56）

りんごエッセイ

越えてきたもの

受験ってなんなんだろう。何も悪いことをしているわけじゃない我が子を「やる気がない」という信じられない理由だけで怒鳴り散らしてしまうんだもん。やってもやっても成績が上がらないときもそうだけど、こんなに追いつめてこの先何が待ってるんだろうと思うとき本当に受験をやめたくなるよね。子どもってなんであんなに悲しいくらい母に嫌われまいと頑張るのかな。それが分かっているのに、あたしってホントにバカだ。

ある母からメールをもらった。大手塾に3年の2月から息子を入れた母だ。しかしあまりの面倒見の悪さに悩んだあげく5年の11月で転塾。今度は面倒見を売りにしている塾に入った。共働きゆえに親が受験にかかわれないという心配があってのことだった。彼女の言葉でそのまま記そう。

「スパルタで有名な塾だから『これなら親があまりかかわれない我が家でもなんとかなるかも』という甘い期待がありました。真面目に出された課題をこつこつこなしていた子どもにこなしきれないほどの量の課題が出され、生活にも口出しされて息が詰まります。文句も言わず黙々と全教科の課題をこなしているように見えましたが、実はただ課題をこなすしかないロボットになっていたんです。頑張っても頑張ってもさらに頑張らせる。夏休みには朝は7時半に出て帰宅は夜の9時、10時。もう本当に頑張ったと拍手を送れるほどでした。

塾で表彰もされました。なのに満を持して受けた9月の模試は史上最悪の数字がズラズラって。あれだけ努力させられてきたのに結果が出なかったことは12歳の彼には受け入れ難いことでした。それから本人の様子がおかしくなり始め精神的に壊れ始めたんです。塾に行けなくなるし、ドアをガムテープで目張りして、誰も中に入れないようにしたり。でも私の前ではいい子でいようとする、その葛藤で自分を否定しだすのです。『僕なんて悪い子だしお母さんに迷惑ばかりかけるからいないほうがいいんだ』って言って夜の街を放浪するのです。仕事から急いで戻って来ても塾にも家にもいない。やっと帰ってきた息子の冷たくなった手や体を抱きしめて『大丈夫、大丈夫』って言い続けました。児童精神科の医師にまで『受験はやめるべきだ』と言われ、ここまで追いつめてしまったのかと考えると胸を掻きむしられる思いでした。

塾は休学。籍だけは塾に残してはあったけれど通常授業に出ることは最後までありませんでした。でも本人が続行を希望したんです。それで週二回、家庭教師に来てもらうことにして、私たち夫婦もこのころから精一杯伴走し始めました。塾長も『誰がなんと言おうと僕は最後まで味方ですから安心して』と言ってくださり電話やメールはもちろん、直接家に息子のためだけに作ったというプリントを持ってきてくださって。1月受験に失敗したあとは『学校は休ませたくはないですが、通常授業には本人が出にくいだろうから午前中に塾に来て。僕が面倒見ます』とおっしゃって受験前日までマンツーマンで見てくださったほどです。でも『絶対大丈夫』と言われていた学校に振られたショックはあまりに大き過ぎました。精神的に強くない息子に苦しい受験が続きます。第一志望は息子の熱望校です。ここに入りたいがための、ただひたすらそこを目指した受験です。もう壊れても何でもここだけって感じで頑張ってきたと思います。でも結果は残念で…。第一志望校の合格発表に自分の番号はないのに、いつまでもいつまでも掲示板を見つめていた彼の姿は忘れられません。次の受験会場に向かっていた電車の中で『お母さん。中学は公立に行って高校受験でもう1回頑張ることもできるんだよね。それでもお母さんはいい？』って淡々と清々しい顔で言われたときには泣きそうになりました。全滅したわけではなく『ここなら通ってもいい！』と思える学校に合格をいただいていたのに息子にそう言われ、彼の受験は悔いが残るものだったのかと思いました。

自分を否定し死んでしまいたいとまで思わせてしまった受験です。息子にはできるところ、良いところがたくさんたくさんあるのに、成績がどんどん下がってきて、一番悔しくて悲しいのは息子なのに、分かっているのに傷つけることしか言えなかった…。全部の入試が終わって私が『これだけはケジメだから塾の先生方にご挨拶に行こうね』って言いました。あれだけ塾の方向に行こうとしただけで足が震えた息子が『うん、わかった』って言って、先生方ひとりひとりに『僕は自分の勝手でこんな受験期間を過ごし、先生たちにもすごく迷惑をかけました。ごめんなさい。これからは僕なりに頑張っていこうと思っているので見ててください。本当にありがとうございました』って自分の言葉で言ったんです。もう、私はそれでいいかなって…。息子は今も『今まで出会った人たちの中で塾長が最も偉大な人！』って言います。この先生に出会わなかったら私たちは今こうして笑っていないかもしれません」

りんこは聞く。「受験、後悔してますか？」

「いえ、今はね、泣き言ひとつ言わずに楽しそうに通っている息子（進学先偏差値58）を見ていると良かったってホントに素直にそう思う。失ったものもあるかもしれないけれど、親子でこんなに一致団結できることってこの先もきっとないから」

後日、りんこはその息子さんにお目にかかる機会を得る。はにかみながら挨拶をしてくれた彼の顔は晴れやかでキラキラしている目をしていた。

母はお弁当に愛を詰めて ②

そーなのだ！　何もなかったので、りんこはたこ太にガムを持たせたのだ！　どら焼き弁当に首位の座は明け渡したが、ガムはガムで捨てがたい魅力がある。その証拠にたこ太はよく塾で「わらしべ長者」になっていた。「ガム弁当」は羨望の的でそれは市販のシーチキンおにぎりと唐揚げに出世していた。りんこの名誉のために断っておきたいが、いつもいつもガムだったわけではない。それにこれには山より高く、海より深いちゃんとした理由があったのだ。塾弁は手作り派の母が多いゆえ、夕食時に温かいものをというデリバリー母も少数ながらいる。実はりんこも「たこ太ちゃん、15分休みの直前に母が届けてあげる！」と言うやさしい母だったのだ。しかしヤツは「取りに行くの、めんどくせー」と言った。りんこはこのひと言でぶち切れ、二度としなかった（階段下りて受付に取りに来るのと、わざわざ車を飛ばして置いといてやるのと、どっちが手間かちゅーんじゃ！）。たこ太は母の愛を受け入れない。ものすごく凝って作ってやったとしてもほとんど手付かずだったり（飯そっちのけでカードゲームをするため）、「綺麗に食べてきたわ～！」と喜んだら、後日「先日は家のが、たこ太君のお弁当を食べちゃってすみません」などと言われたりする。こんな風に思い切り「やる気」をそいでくださるので、りんこのお弁当は段々と凝れないモノになっていくのも無理からぬお話。「さるかに合戦」のように友だちと交換していくことを前提にアイデアを駆使したにすぎないのだ。決して手抜きではない。ワッハッハッ！

中学受験ホント話②

青沼貴子

長女アンも中学受験組である
ところがアンはムズカシイ子で
塾やだ！途中から入るの恥ずかしい！
じゃ最初はカテキョにしようか
家庭教師をたのめば…
先生が気に入らないと言って部屋から出てこない
わ〜ん
ANN
わ〜ん
ドン
今日は帰ります
塾に入れれば…
恥ずかしがりで内気なんです
ウチは少人数制なので大丈夫でしょう
ケンカばっかり
なにコソコソこっち見て話してんのよ！
そっちこそシカトしてんじゃないわよ！
も〜〜勉強になんないでしょ！

それでスパルタな塾にかえたのが受験3カ月前
スパルタ JUKU
ホントに受験するならあの塾行くのよ
受験やめてもいいし
…行く
時間が無いのでピンポイントで塾にお願いする
X中に行きたいんです
わかりました偏差値が5つほど足りないがやってみましょう
来る日も来る日もX中の過去問
カリカリカリカリカリ…
ほかの勉強はほとんどやらずひたすら3カ月間X中の過去問
えっ昭和?アンが生まれる前の過去問だ
カコモンはいくらでもあるんだよ
ハハハハ
アンはなんとかX中に合格できた
冬休みになってロクに寝てないよー
だーからもっと早く真剣になればよかったのに
でもこの方法はリスクが大きくツブシもきかない
X中に合格できなきゃほかはどこにも合格できない究極の荒ワザなのだった

part3

真実編

一番切なかったこと

もし、中学受験をさせたすべての母に、自分の子ども時代と比べて我が子は頑張っているかを聞いたなら、おそらくみんなが「はい」と答えるだろう。なのに母は子どもの何もかもが気にいらない。やる気のなさも、のびない成績も。こんなバカなことってある？　こんな理不尽なことってある？　大事な大事な我が子を追いつめて、母は体中から涙があふれる。

受験終了組
母たちのケース

「お子さんの受験中切なかったり、哀しかったことはありますか」

初日に第2志望に落ち、第1志望の1次に落ち、ひょっとすると第3志望校に行くしかないのかという状況になったときには、切なかった。いろいろシミュレーションをしてきたはずなのに、気持ちがついていかなかった。

（女子　進学先偏差値62）


6年になって、学校と塾と家の往復しかできなくなったとき。学校の行事でへとへとになっても、**放り出すように**塾に行かせたとき。ここまでしなきゃいけないのかなあと思った。

（男子　進学先偏差値53）


哀しいというより、もう娘がいとおしくてたまらなくなったのは、いきなり通塾が始まって体力的にヘロヘロになったときでも、泣き言を言わずに現実を受け止めて頑張っている姿を見たときです。尿たんぱくは出るわ、**めまいで起き上がれなくなるわ、**遅れての通塾だったので友だちもいないわ、先生はやたら厳しいわ、という状況の中で、一度も弱音をはきませんでした。私じゃ絶対にできないと思ったとき、泣けました。

（女子　進学先偏差値69）


お友だちがどんどん上のクラスや座席に行くことを「気にしてないよ」と言いながらそっと泣いていたとき。行きたかった学校の不合格通知を受け取って初めて**大声で泣いていた**とき。

（男子　進学先偏差値52）

本人がこれだけの努力をしたのに行きたい学校に行かせてあげられなかったこと。とくに**成績的にはOKだったにもかかわらず落ちた**のは親が悪かったのではないかと思ってしまう。
（男子　進学先偏差値58）

お試し受験から苦しい戦いを強いられてきた長女は、次女の喜ばしい結果を目の当たりにして、素直に喜ぶことが出来なかった。現在の中学には大変満足しているし、楽しく通っているのにいまだに残念な結果に終わった**第1志望校への未練**があったのかと思うと、可哀想に思う。
（女子　進学先偏差値58）

受験期間中は**ずーと切なかった。**「落ち」を何度も経験したので、子どもが寝ている姿を見てこんな辛いことさせてごめんねと謝らずにはいられなかった。
（男子　進学先偏差値46）

12歳の子どもにこんな生活を続けさせていいのかと悩んだ。姑たちに受験するきっかけを話しておらず、受験することに**賛成してもらえなかった。**
（男子　進学先偏差値54）

3日までに**合格を1つも取れなかった**ときは、さすがに「こんなことなら勉強なんかさせずに遊ばせてやればよかった」と思った。
（男子　進学先偏差値60）

「休んでいいよ」のひと言が言えず、運動会のあとも塾に行かせたとき泣きました。今思えば、夏休みの3日くらい、運動会の前後など、多少休んだって大勢に影響はなかった。でも、**あの一年は必死で**余裕がありませんでした。
（男子　進学先偏差値66）

りんごエッセイ

無上の喜び

りんこはたこ太が生まれるとき、どこの親もそう望むように「健康で生まれ丈夫に育て」とそう願った。たこゆきは生まれたての息子が乳を飲む姿を見て「教えもしないのにオッパイを飲んでる！　天才だ！」と叫び、周囲の失笑を買った人物である。それなのに十年経ったらどうだろう。毎日、両親お揃いで我が子をドンドン追いつめた。りんこは、このことが息子の性格を着実に歪め取り返しのつかない結果を招くのではないかと怖かった。誰かに言えば「当たり前。息子を潰す気ですか」と呆れられること確実だ。自分だけが深い闇の中にいる、そんな気持ちだったのだ。

中学受験。壮絶な話がたくさんある。知らない人には理解できない異常な世界に映るだろう。しかし現実には多くの人たちがこの異常な空間を通って次のステージに向かう。ある母の手記を紹介しよう。

「8月の出来事である。もう受験はやめよう。無理。できない。息子の目を見て私は思った。宙をさまよううつろな目。何が、誰がそうさせたのか…ほかならない私なのだ。夏休みに入ると、毎日朝からN研へ通った。夏期講習はお昼からなのだが、午前中は空き教室が予約制の自習室として使っても良いことになっている。私は全日申し込んだ。毎日仕事があるので、息子一人を残していても、勉強していたと（すぐにバレル）ウソをついてゲームをしていたことが今までにも何度かあったので、単純にゲームが出来ない状況にしてしまおうと思ったのだ。

お昼のお弁当は朝持っていくが、夕食の分は私が仕事から帰って大急ぎでお弁当を作って届ける。とにかくN研漬けの毎日だった。こんなに長時間勉強しているはずなのに、毎日行われる確認テストの成績が良くない。テストの範囲に合わせて、自習時間にやるべき範囲も前日に指示して問題を揃えているのに全然進まない。私の中では『もう自習室でなにやってるのよ！』という思いが膨らんでくる。計画した範囲の勉強が終わっていないと、帰宅してからも深夜まで課題を消化させた。

1日12時間以上も勉強してるのにナンデデキナイ。イライラばかりが募っていく。このころの私は『12時間もやっているからできない』ということに気付かなかった。志望校を受験するために、栄冠組は無理でも、せめて4組をキープしてほしかった。ゲーム、マンガ、テレビ、どれに興味を示してもイライラした。こんな点数なのに何やってるのよ！

夏期講習前半が終わり、唯一のお盆休みに祖母と一緒に志望校巡りをした。学校を見てモチベーションを高めるのが目的だった。が、本人はどの学校を見ても以前のように意気揚揚と祖母に説明するでもなく『あん』とか『うん』とかいい加減な返事ばかりしていた。帰宅して祖母は『あの子おかしいわよ。あなた気付かないの？』と言う。そう、今まで私が見て見ぬふりをしてきたこと。集中力に欠けたうつろな目。何を言っても響いてこない生返事。祖母は『受験も大事かもしれないけれど、今のままではあの子の一生をダメにするんじゃない？　こんな様子になるんじゃ受験なんてやめなさい』と息子を実家に連れて帰ると言い出した。

わかっていた。あの子をダメにしているのは私。私はただ呆然とするばかりで、あとからあとから涙が流れてきた。どんなことをしてでも私学に入れたい。地元の中学に行かせたくない。私のそんな思いも今の息子にとっては学校でいじめられるのと同じように、もしかしたらそれ以上にひどい状況に追い詰めていたんじゃないか。私も気づいていたはずなのに。息子も黙って祖母について行こうとする。あの子に捨てられるんだ…そんな気がした。息子は祖母と一緒に家を出て行った。真っ暗になったリビングで私はひとり声をあげて泣き続けるしかなかった。

何分経っただろう。このままで良いわけがない。急いで駅に向かって走ると、改札口に息子がポツンと立っていた。『ごめんね』私はそれ以外の言葉が見つからなかった。

『ボクが弱虫でごめんね。今逃げ出したらぼくはダメなんだ』そんなことはない。君は強いよ、うんとたくましいよ。私は絶対この子を合格させてみせる。そう思って家まで息子と手をつないで歩いた。久しぶりにつないだ息子の手はまだ小さい子どもの手だった」。

彼の小学校は荒れていてイジメも横行していたと聞く。彼の口から頻繁に「死にたい」との言葉が出る。母は「ひとりで大好きな君を逝かせるわけにはいかない。ママが一緒に死んであげる」と言い実際に息子の首筋に包丁を当てた。

中学受験は苦しい。多くの母にとってただただ苦しい。先述の子どもは第一志望の偏差値55の中学で活躍中だ。母はこういう体験をしても中学受験をさせて良かったと断言した。その子の言葉を書こう。

「ママが思っている以上に合格者の中に自分の番号を見つけたときは嬉しかったんだ。これ見たら、今までの辛かったことなんて全部忘れたよ！」

子どもはやがて巣立って行くが、それまでに親にも最上の瞬間を与えてくれる。誕生の瞬間もそうだが、中学受験にも「最高の瞬間」が訪れる。たとえ志望校には行けなかったとしてもである。「いい受験」を目指した者には必ず「大人になる瞬間の我が子」を目にすることができる。その「瞬間」がわかる。これこそ親として無上の喜びではないか。

ここ一番頼りにしたもの

中学受験、親のストレスは計り知れないものがある。何かにすがっていなくてはどうにかなりそうな毎日。そんな日々もココロのよりどころがあれば、なんとかやり過ごしていけるはず。人それぞれ頼りにするものは違うけれど、母の気持ちは皆一様、「誰か〝絶対〟合格って言ってくれ〜」

受験終了組　母たちのケース

「ここ一番頼りにしたものは何ですか」

川崎大師の白ダルマ、壁に貼った、志望校のポスター。めげそうになると、拝んでいた。
（男子　進学先偏差値53）

やはり**塾の先生**だったと思います。何か大きな悩みや不安があったとき相談するとかなり力になってくださいました。それから学生時代の友だちで子どもを受験させた人のアドバイスというのもかなり参考になりました。とくに母の精神衛生上。
（女子　進学先偏差値56）

本人の能力を信じるほかに親にできることはありません。
（男子　進学先偏差値60）

子どもの力と精神力。信じてあげるしかなかった。
（男子　進学先偏差値64）

1月は栄養ドリンク。**塾の先生。**子どもは先生の顔を見ているだけで安心したみたい。
（男子　進学先偏差値66）

良かったときの模試成績表。これこそが真の実力（悪かった模試は「なかったもの」「何かの間違い」）。当日この成績を取れば合格。そう信じて**心の平安**を保つ。
（男子　進学先偏差値61）

Yから出ている受験案内。模試の結果と合格の関係のデータが豊富で、**我が家ではバイブル**と呼ばれてました（この偏差値でも受かってる人がいるとかいうのを見ると安心する）。
（女子　進学先偏差値58）

ネットの**友人！**「偏差値30からの中学受験」ＨＰ！（笑）
（女子　進学先偏差値44）

近所の天神さまに祖母は頼っていました。私は、自分以外を信じないたちなので。
（男子　進学先偏差値60）

可能性5％でも受かった兄の友だちがいたので、息子もそれを頼りに頑張っていました。
（男子　進学先偏差値66）

学校の写真を机の前に貼りました。
（女子　進学先偏差値51）

何の根拠もないのに、**受かる！と信じ切っていた娘。**「ママ、来年一緒に入学式に行こう」という言葉をなんとなく信じていました。今になるとなぜかわからないのですが、これもその学校に呼ばれているということでしょうか。
（女子　進学先偏差値62）

単身赴任してる主人です。やっぱり**一番冷静**でした。
（女子　進学先偏差値54）

本当に辛く感じたら

出願校が決まるころから、もうなんでもいい、どこでもいい、合格証書を！　この子に合格証書を、どうかどうか〜！　と突然信心深くなる母が出る。ある者は「天神さまツアー」を敢行し大宰府、北野天満宮、湯島天神と道真公にオスガリする旅に出る。ある者はご利益満載といわれる神社の合格鉛筆を求め、またある者は知恵を授けるお守りとして「フクロウ」グッズを買い占める。

もう何かにすがりつかずにはいられない。もうありとあらゆる神さまたちを自宅にお招きしてご接待申し上げたいような気分にかられる。しかし、どんなに何かを拝もうともそれで心が安定するとはとても言えない。心の隙間風は相変わらず冷たくピープー吹いているのだ。この隙間風、受験終了までは吹きまくる。不安感は何をどうしようが母からは離れないのだ。

受験期、子どもの円形脱毛症も多いと聞くが、実は母たちの体調不良は凄まじいものがある。脱毛、白髪はもとより、頭痛・胃痛・耳鳴り・目眩・肩こり・神経痛、過労と冷えから来る膀胱炎なども大変多い。受験終了までは母たちは自身の古部品を叱咤激励して懸命に持ちこたえるので、どうにか病とも折り合いをつけていく。

これらの症状はほとんどがメンタル面での心労が体に及ぼす病であるが、これがホントにしんどい、辛い。経験者でなければ分からないであろう、どんよりとした混沌に覆われる。そこで先輩母たちが何を頼りにこの「危機」を切り抜けていったのかを伝授しておこう。

そもそも中学受験は特殊である。義務教育という公の教育機関が用意されているにもかかわらず、そちらの道をわざわざよけて、隣のレールを歩くわけ。言ってしまえば広い世間から見れば「変わり者」の「異端児」の感は否めない。中学受験をする層はしない層からみれば圧倒的なる少数派なのだ。それゆえ周囲の理解を求めるのが「不可能」なくらい、母の立場は悪くなりやすい。いくら信念をもって挑もうとも周囲のひと言で簡単に凹んでしまうほど、母の心は弱っているのだ。

母のメンタル面までフォローしてくれる親切モットーの塾もあるにはあるが、やはり相談内容は「子どもの成績」に終始しがちなので「私のハゲ」についてまでは、とても相談できる状況にはないのだ。では、どうするのか。

多くの満身創痍の母たちは「先輩母」を頼りにしている。先輩母たちは（ほぼ）1人残らず、今あなたが苦しいと感じている、その同じ思いをして今、次のステージにいる。誰に聞こうが、それぞれに壮絶な体験をもっている。あなたがもし今溺れそうで息ができないほど苦しいならば「先輩母」に話してみよう。彼女たちは驚くほど親切だ。全く知らない人でもいいではないか。志望校に在籍している子どもを持つ母をツテを手繰って捜してみる。志望校でなくとも、子どもの性別が違っていても、結局、母の思いはそんなに変わるものではない。偏差値が高かろうが低かろうが「心の中」は意外にも同じように不安感でいっぱいだったのだ。そういう知り合いの母に気持ちを聞いてもらおう。

「そうよ。私も同じ気持ちだったわ」って言われたら「そっか、同じか」と安心すればいい。「なによ、それくらい。あたしなんてテキスト、庭に思い切り投げて、それでも気が収まらず、手近に投げるモンが見つからなかったから、そこらのゴミ箱を思い切り投げたら、あとが悲惨で。あなた、投げるならゴミ箱はやめときなさい」（ある母の実話）なんて言われたら、思わず笑顔満開だ。

何かに詰まってホントに苦しくなったなら、勇気を出して苦しい気持ちを出してみる。その一歩があなたを救うかもしれないし、救われなくて元々だ。そうして、もし、あなたの心が安定するならば、我が子にとっても好循環。いいことずくめではないか。

この本を刊行するにあたっても、本当に多くの先輩母たちの協力をいただいている。全員が自分にとっては中学受験は終わったことであり、今さら、誰か見知らぬ人物のために時間をかけて、労をかけて協力する義理はない。しかし全員が気持ちよく「お役に立てるなら喜んで」と膨大な資料に目を通し、それぞれの体験を率直にまた正直に教えてくれているのだ。この「お役に立てるなら喜んで」のひと言。実はこれが私学に行かせる親の真髄なのである。中学受験を目指すとき、さまざまな葛藤があるだろう。しかし我が子の幸せを最大限考えて悩みぬいてきた人たちの集団だ。その「我が子だけ」の観点を広げて、ものすごく広く深く教育全体を考えている。あとに続く母たちに限りないエールを送ってくれるのも至極自然なことなのだ。

さあ、あなたも「来年は後輩母を救う！」と思って、今耐えよう。

教訓
頼れるのは受験終了組の母たちだ

合格を最終的に決めたもの

長く厳しかった受験生活を終えて、合格を勝ち取ったとき、一体母たちはそこにどんな答えを見つけるのだろう。果たして、最終的に合格を決めたものは？　そこには偏差値だけでは計ることのできない、頑張ったものだけに分かる何かがきっとあるに違いない。

受験終了組
母たちのケース

「合格を決めたのは、最終的に何だったと思いますか」

本人の**やる気。**　しかも3学期からの。（男子　進学先偏差値52）

「絶対この学校に通う！」という本人の**強い思い。**（男子　進学先偏差値54）

本人が2月1日当日にこう言いました。『私はこんなに頑張ってきたんだから落ちる訳がない！』もっと頑張れたかもとも思いましたが、確かに長く辛く険しい道のりでした。12歳には受験という選択は楽なものではなかったはずです。そこには当日上がってしまうんじゃないかと心配したのが徒労だったと思うくらい成長して、強くなった娘がいました。結局は何としても**絶対合格する！**というこの強い意志だったと思います。（女子　進学先偏差値51）

運でしょうねぇ、やっぱり。過去問の出来にもずいぶんと波がありましたから。試験中、親は自分の比較的得意科目については念を送りましたが、そのせい…ではないと思います。（女子　進学先偏差値69）

かたくななまでの「**早稲田がいい！**」という本人の意志でしょうね。何ごとも意志から始まるのですから。（男子　進学先偏差値64）

これだけ頑張ったんだから**受かるに違いない**と信じる気持ち。（男子　進学先偏差値66）

「本人の精神力、頑張り」でしょう。その結果**実力が培われ、**強運（苦手な国語で自分の知っている文章が出題された）を呼び込んだのだと思います。（男子　進学先偏差値64）

こつこつと努力しつづけた息子の頑張りでしょう。（男子　進学先偏差値58）

本人の真面目な性格と努力。それから**塾との相性が良かった**ことは大きかったと思います。（女子　進学先偏差値56）

運とこの学校に通いたいという本人の気持ち。（女子　進学先偏差値58）

子どもの「この学校に入りたい」という一念。**母の祈り。**（男子　進学先偏差値65）

きちんと塾に通ってそれなりには勉強してきたこと。あと、**あがらない度胸。**（女子　進学先偏差値54）

国語は偏差値55くらいで、社会は60くらいまでいきましたが、理数系がニガテでした。後半、理科がなんとか平均点とれるようになり、最後までのびなかったのが算数でした。11月ごろ、もうこれをなんとかするしかないと思い、室長に家庭教師について相談しました。12月から直前まで、中学受験を経験した近所の大学生に算数を集中的に、**過去問に合わせてもらいました。**結果的に何がと言われれば、これがよかったのかもしれません。（女子　進学先偏差値51）

りんこエッセイ

受験の鉄則

やはり最後は「念」勝ちだ。思いが強いほうに女神が微笑む。塾の先生が最終父母会のときにこんな話をした。

「合格者が10人だとしましょう。9人はほぼ確定組です。10人目も本来ならば確定組です。しかし、この10人目は当日、具合が悪い。風邪引きだったり、腹痛だったり、どういうわけだか力を出し切れずに撃沈という場面がままある。我々が狙うのは実はそこなんです。本来ならば絶対に不可能と言わざるを得ない座席が空くんです。そこに抜け目なくスルスルと入って行く。その席を無理矢理にでも押さえるわけなんです。そこを目指す！　これが我々に与えられた唯一のチャンスです！」

塾の本部の先生がトップ層ではなく深海魚チームの母を対象に発言した最初で最後のお言葉だったように記憶している。当確だった10人目のお子さんには縁起でもない話であるが、現実として「偏差値を超えた子ども」がたくさんいるという事実がある。

そしてこのある意味ラッキーボーイ、ラッキーガールに選ばれるためには、どうしても持っていなければならないものがある。それが「念」なのだ。「どうしても入りたい」「ここに行くんだ」という強い気持ちが巨石をも動かす事例は中学受験にはたくさんある。何十人もが同点なのだ。合格ボーダーを境に1点差の子がひしめき合う。この1点にかける執念が合格を呼び込むのだと塾も口を酸っぱくして言っている。

入試本番期間は長丁場だ。1月から本番が始まる受験生にとっては2月の最終受験が終わるまでは相当長い月日である。その間、ずっとテンションを保ち続けていくのは容易ではない。塾の先生が東京・神奈川受験生に対して「1月が本命でないなら1月校は落っこちろ！」と檄を飛ばすのも、こういうところに起因している。集中力を高めるために1回地獄に行って来い！ という荒療治なのだ。

子どもがここの学校にしか行きたくない。父も母もそこにしか魅力を感じない「一校入魂」入試であるならば、答えは簡単。その学校の過去問を可能な限りさかのぼり、繰り返し繰り返し類題も含めて解いていき、その学校の「臭い」を脳裏に覚えこませる特訓を積み重ねればよい。

入試直前の3ヶ月間、その学校の色、一色に染まった子が見事栄冠を手にする事例はいくらでもある。しかし、これはかなりな高リスクを背負っての1校受験だ。突然、入試問題の傾向が変わるとかのアクシデントがないともいえない。ほかの色に染まっていないがために、よその入試で苦戦を強いられるリスクもある。

一方、カメレオン受験＝何の色にも染まりましょうという場合、これは薄く広くまんべんなくコツコツとやっていくしか道がない。

ある母の道のりを紹介しよう。お兄ちゃんは頭がおよろしい。生まれつきおよろしい。母は当然のように開成を頭に描き受験した。しかしまさかのやってもーた！ 失意のKO中等部入学だ（どこが失意じゃ！と、この母を前にりんこが荒れたのは言うまでもないが、本人が失意だと言うのだから致し方ない）。この兄に弟がいる。至極普通の頭脳である。しかし次男だからなのか、あまり深くものごとを考えず何の根拠もないくせに「俺も中等部に行ける」と言い張る。「偏差値」「やる気」「態度」「合判」どっから見ても足りないずくし。大見栄切るわりにはなんにもやらないお坊ちゃまに、母は何度もぶち切れて「受験はやめだー！」と叫んで本当に塾をやめさせた。次男君はそのたびに「心を入れ替えるから塾に入れてくれ」と懇願した。「テキスト全部捨ててやった、ざまーみろ事件」など枚挙にいとまがない。その次男君、6年10月のKOオープン模試で算数の点数ヒトケタ（100点満点）という離れ業をやっている。秋も冬もあっという間に過ぎ「母は偏差値50校に引っかかれ！」とご祈祷していた。しかし受験は分からない。結局、彼は今現在、公約どおりに中等部に行っている（もちろん50校、そのうえ58校にも合格！）。

なんだ、そんなこったら、あっしも受けときゃと思うが「念が勝つ」というのは結局こういうことを言っているのだと、具体例であるこの生き仏を見て、りんこは納得した。

繰り返すが受験は長丁場である。どんな子でも全く準備をしていないとしたら、入学試験には対応できない。この準備を続ける作業は正直しんどいものがある。しかし最後まで決してあきらめない姿勢を貫こう。

受験ははっきり言って3月下旬までは分からない。第一志望に振られ気持ちを切り替えて合格した学校の制服を購入したあとでも、補欠の知らせが舞い込んで来る例はいくらでもある。それで入学しても学年でビリということには全然ならない。なぜなら1点差に頭の良し悪しは関係ないのだ。だからこその執念である。

母の気持ちと子どもの気持ちが盛り上がっているうちは例え「あとがない」という最終受験日であっても決して弱気になってはいけない。「受かろうとする者」だけが「受かる」のだ。これこそが受験の鉄則である。

教訓

絶対受かってやる！ その思いが合格を勝ち取る

親子成長物語

中学受験は想像をはるかに超えた、母と子の戦いの日々である。もともと勉強が好きなわけじゃない子に、無理やり勉強をさせなくてはならない現実。反抗期も重なって心身ともに消耗する毎日である。でもそんな大変な時期を共有し、乗り越えたとき、きっと輝く何かを手にしている。

受験終了組
母たちのケース

「親自身は受験で成長しましたか？」

したと思う。**我慢強くなった。**ちょっとやそっとのことでは動じなくなった（苦笑）。

（男子　進学先偏差値53）


成長と言えるかどうかわかりませんが、いかに自分の感情を制するかとか、**下世話な周りのママたちをどうあしらうか、**とかの術は会得したように思います。そして、何よりも子どものことを改めて見つめ直し、真剣に考える良い機会になりました。

（男子　進学先偏差値64）


どうかな？　でも色々悩んだり考えたりして、受験しなかったら**ボーッとしたまま**だったかも…。

（女子　進学先偏差値51）


どうなんでしょうか？　自分ではよくわかりませんが、自分の経験を通して世の中はさまざまな立場の人がいるので、**思いやりは持てるように**（持つように）したいと思っています。

（女子　進学先偏差値44）


明日が2月初日という最後の夜、目的であるはずの「志望校合格」は結局「グリコのおまけ」のようなもので、もしかしたらこの体験は、自分たちにもっと素晴らしいものを与えてくれたのではないかという心境に達した。**「幸せの青い鳥はそこにいた」**みたいな…？そしたら「いろいろあったけど、それを超えてこうやって無事スタートラインに並んでいるだけでも、かなり幸運なことなのだ。やるだけやった。あとはどんな結果であろうと、受けとめてやろうじゃねーか」と開き直ることができました。

（男子　進学先偏差値61）

自分がこんなに**短気で了見が狭くて醜いとは**思っていなかった。それに気がついたこと。成長したのかな～？　分かりません。
（男子　進学先偏差値66）

怒鳴ったり、手が出てしまったり**鬼母になりました。**成長していませんね。
（女子　進学先偏差値52）

どうでしょうか。まだ**4年後にもう一人**いるので、そのときにわかるかも。リベンジなんて言ってるようじゃ、ダメでしょうね。
（男子　進学先偏差値60）

したと思います。**親の付属品ではない**ということを、しっかりと自覚しました。
（男子　進学先偏差値52）

うーん、どうでしょうか？　些細なことで子どもを叱らない、何があっても**「大丈夫、大丈夫」**と言えるようなゆったりとした心持ちで子どもに接する。そんな親に成長しなくてはと思いました。
（男子　進学先偏差値65）

娘の頑張る姿を見て少しは成長できたと思いますが、**娘の成長には遠く**及ばないです。
（女子　進学先偏差値56）

辛かったことが多い分、成長したと思います。
（男子　進学先偏差値46）

干支一巡

「オマエなんか生きてる資格がない」と言い放った母がいる。「産まなきゃよかった、こんなバカ」と怒鳴った母がいる。「あたしの時間を返してよ」と泣いた母がいる。

「死んでやる」と言い捨てた息子がいる。実際にベランダの手すりを乗り越えようとした息子がいる。片っ端から鉛筆を折って、それを壁に突き刺す息子がいる。カッターで鉛筆をずっと削り続ける娘がいる。部屋中に落書きをする息子がいる。壁に穴を開ける息子がいる。母にカバンを投げつける娘がいる。ドアを思い切り閉めて壊す娘がいる。ベッドをバリケードにして立て籠もる息子がいる。ドアの隙間を粘着テープで目張りする息子がいる。母と子で殴り合いをした人もいる。…みんな、小学6年生だ。

「そんなバカな…」と揶揄《やゆ》するのは簡単だ。でも表には出て来ないだけであって、人知れずこういう修羅場を経てきた母は本当にたくさんいる。

「こんなことは家だけだ。恥ずかしくて誰にも相談できやしない」と胸の奥で悩む母が想像以上にたくさんいた。手放しで褒められたもんじゃない。しかし取材をさせていただいたすべての母はそれぞれの「修羅場」を経験し、泣きわめき悶え苦しみながらも決戦の日を迎えている。それぞれの中学受験はかくも壮絶なものなのかと、仮想体験しているようで辛くなる。

しかしである。こんなに悲痛な叫び声を上げたとしても、母は我が子が子どもから大人に変わる瞬間の目撃者であることが許される。

最後の合格発表。「ここでゴメン」と母に謝った息子がいる。よもやのNG、NG、NG、NG、あとがなくなった4連敗の末の合格だ。母は本当に安堵して今ひとたび掲示板の番号を確認して涙する。それなのに息子は笑いもせずに「ここでゴメン。母さん、肩身が狭いだろ?」と言ったという。母は合格発表のその瞬間、心から喜び祝福したい気持ちでいっぱいだった。よくぞ4連敗の試練を乗り越えてくれたと、その精神力に頑張りに心からの喝采《かっさい》を送ったつもりなのに、子どもは母に謝った。息子の受験は「母のプライド」の受験に過ぎなかったのと母が聞く。

子どもは言った。

「いや、これだけ支えてもらったのに結果が出せなかった。ホントにゴメン。でも、俺、ここで頑張るから」

合格発表会場。嬉しい封筒を持った親子に走って近づく子どもがいる。息を切らして「おめでとう! あたしはダメだったけど、おめでとうを言おうと思って・・」と無理にも笑みを浮かべた娘。

第一志望に不合格だった夜。「塾長には自分で言うから」と涙を懸命にこらえた息子がいる。

「先に寝てろよ、明日は早いんだろ?」って勉強しながら後ろ姿で言った息子がいる。

友人がドンドン上のクラスに行くのに「気にしてないよ」と言いながら布団の中で泣いていた娘がいる。

受験当日、ひとりで見知らぬ校舎に堂々と入って行く子どもの背中が大きく見えるときがある。

ネット発表画面を見つめ番号がないことを確認すると静かに「僕は頑張る。絶対に志望校に合格する」と言い切った息子がいる。

それぞれの母がそれぞれに「いつの間にこんなに大きくなったんだろう?」と実感する瞬間を持っている。

お腹に入って、大きくなって、産声上げて、座って、立って、歩いて、転んで、泣いて、笑って、一晩中おんぶをしたり、病院に担ぎ込んだり、いろいろあった。そういえばいろいろあった。受験を決めても「バカのアホの」と言い倒す母をにらみ返したこともある。ひと言もしゃべらない塾の帰り道もあったよね。長かった。何もしていないようでもあり、ものすごいことを成し得たようでもある。母と子は近づいたり離れたりしながら受験期を過ごすのだ。

「本当に大きくなった」と感じたその瞬間。母の目頭は熱くなる。あと数ヶ月も経てば見上げて我が子を見ることになるかもしれないほど背も伸びた。

出来が悪くとも、母に悪態つこうとも、この子は紛れもない我が子であり、かけがえのない宝物なのだ。受験期、異常なことがたくさんある。普通じゃないと悩み出したらキリがない。何の束縛も受けないで日暮れまで遊び回る子もいよう。そちらの方が「正しい子育て」ではないかと自問自答する日もあるだろう。しかし、あなたは苦しみながらも悩みぬいてきたはずだ。「我が子の幸せ」だけを最大限願って。12年前に母としてのスタートを切ったとしての干支一巡。子どもは確かに大きくなった。中学受験。終わってみれば、誰もが甘美な想い出に例える。やらない人には決して分からない凝縮された時間の集まりなのだ。

教訓

中学受験は、きっとあなたに何かを残してる

ずばり中学受験とは

最後の最後に聞きたいことがある。「ずばり中学受験とは何だったと思いますか」母にとって、父にとって、我が子にとって。もちろん簡単に答なんて出ないことかもしれない。でも、きっとあとからみたら、いい思い出だと思う。小学校の高学年にひとつの目標に向かって突き進んだことは、きっと私たち家族に何かを残してくれるだろう。

受験終了組
母たちのケース

「中学受験させてよかったですか？後悔はありますか？」

良かったと思います。**後悔は全くありません。**とても楽しそうに通っています。

（男子　進学先偏差値61）


今通っている学校に巡り合えたことにはとても満足しておりますが、**通塾年数は長過ぎた**かな？とも思います。

（男子　進学先偏差値47）


よい結果が出たからかもしれませんが、大変良かったと思います。後悔は全くありませんし、受験したことにも私立に行ったことにも**本人も親も大変満足しています。**公立には公立の良さもあるかもしれませんが、今では完全に私立派です。進学した学校についても不満もないではありませんが（教師や進学指導について）、生徒の雰囲気が良いのが何よりと思っています。

（女子　進学先偏差値56）


進学先については、親子ともに小学校3年生からあこがれ続け、一度も志望校が揺れることもなかったので、在校生として門をくぐれることの喜びや誇りは、**2年目の今も変わりません。**憧れが強すぎて、入学後がっかりすることもあろうかと思っていましたが、生徒を尊重してくださる先生方の姿勢や硬派な雰囲気に、さらに憧れを強めたぐらいです。もちろん短所もたくさんあるのでしょうが、それらすべてをひっくるめて大好きな学校です。

（男子　進学先偏差値64）


良かったと思います。少なくとも内申書という名の主観評価には右往左往せず**6年間じっくりやれる**環境はやはりいいと思う。

（男子　進学先偏差値60）

よかったと思う。受験させなければ何の勉強もしないまま中学生になっていたと思うから。**多少なりとも知識等が身に付いた**と思うので。今のところ後悔していません。

（男子　進学先偏差値41）


勉強自体は子どもの能力以上のことをさせてしまった気がする。結局、結果的には地元の塾でもよかったかなとちょっと**後悔している。**N研というレベルが子どもには高すぎた。中学校の雰囲気はいいと思うが、ピンキリ状態で上と下の差がすごく激しいのが実情。できる子にとってはいいかもしれない。

（男子　進学先偏差値52）


後悔は全くありません。良い環境で、（本人が）**ありのままの自分**でいられると喜んでいます。

（女子　進学先偏差値69）


中学受験は基本的にさせてよかったと思います。私立いいです!!

（女子　進学先偏差値58）


受験をさせて良かった。後悔は全くない。小学校時代に自分は変だと思っていた息子は中学に入り**「自分は変じゃない、普通だ」**と思える環境はありがたい（進学先は小学校時代浮いていた子が多い）。息子にとって私立は良い学校だと言える。

（男子　進学先偏差値65）


駆け込みでしたが、大決心して良かったと思います。進学先も満足してます。ただ、最初の発想が3割引の教育なんて差別だと感じたことなので、あまり中学受験ってどんなものか知らないで踏み切ってしまい、子どもの生活をガラッと変えることになってしまいました。すごく不自然な受験生活になったので、それは**申し訳なかった**なと思っています。

（男子　進学先偏差値60）

大切な日々

受験は重い。正直しんどい。こんなに毎日、毎日、夜中まで勉強を無理矢理押し付けて土曜も日曜もない生活をさせて、それで一体、何が待っているのかと自問自答すればするほど深みにはまる。

「これが、我が子の人生にとって必要なことなのだろうか…？」と迷い出したらきりがない。この葛藤は成績にかかわらず、ほとんどの母たちに等しく存在する問題である。しかもここに「絶対なる答え」は決してない。今、憧れている学校に必ず行けるという保証はどこにもない。憧れた学校に無事に入学できたとしても本当に我が子に合っているという保証もどこにもない。この過酷な何年かの受験勉強が必ず我が子の肥やしになっているという保証もまた、どこにもないのだ。言い切ってしまうのならば、そこにあるものは「我が子が幸せであれ！」という母の祈りしかない。

では先輩母たちは「中学受験」をどう捉えているのだろう。不思議なほどに受験を否定的に捉えている母がいない。ほぼ全員が「受験させて良かった」と答えたのである。第一志望校に入学した、しないに係わらず、中学受験に関して言えば「経験させて良かった」と答える。悩み抜いてきたはずの彼女たちが、なぜそのように断言できるほどの自信を持って言えるようになるのか。

彼女たちは言わば一方通行の「不安トンネル」をくぐってきた人たちである。一方通行なので、当然、後には戻れない。「この期に及んで、やっぱりやめようか」と悩みながらも人波に押されるようにズルズル出口に向かった母たちもかなりいる。

「この子が幸せになるために」は「この道が正しい」のだと誰でもいいから強く言ってくれ。これが、この子にとって、今、考えられる最上級の方法だと、私は間違っていないのだという啓示が欲しい。しかし天は、そう簡単には啓示を与えたりはしない。ゆえに母たちは一層悩み、苦しみ、もがく。しかし、この「葛藤」の経過なしには前に進まない。

この暗闇の中で、母たちは懸命に考えているのだ。あるときは「人間とは？」あるときは「人生とは？」またあるときは「幸せとは？」。家族、自分自身、そして何よりも我が子について深く深く考えている。「そんな、哲学的なこと考えてもないわ」って母。そう思うあなたでも昨日の模試の結果は気になるはずだ。我が子の成績に一喜一憂する自分の姿こそが、何より我が子のことを深く考えている証拠である。もし受験をさせなければ、こんなにも長時間、我が子だけを見つめ、悩み、自問自答し、懸命にココロのバランスをとろうとする日々はないのではないか。

そう気がついたときに、母たちの多くは、この我が子との最後の「蜜月」を愛しくかけがえのないものとして「受験」を浄化する。この「カタルシス」の領域に足を踏み込むまでには、相当の葛藤を経なければ辿り着けない。多分、先輩母たちは無意識ながらも、そういう思いを感じて「受験に後悔はない」と断じられるほど強くなっていくのだろう。

志望校に受かろうが、全落ちの悲運を噛み締めようが、中学受験が終わったときに「やるだけやった」と思えるならば、それは間違いなく「いい受験」だったのだ。

母よ、悩み苦しめ。その今の辛さが「無駄ではない」と思えるからこそ、たとえどんな結果が待っていようとも、先輩母たちが言うのだ。

「中学受験は良かった」と。

今現在、真っ暗闇の中でひとりポツンと突っ立っているかのように思う孤独なあなたであったとしても、やがては否でも応でも次のステージの扉が開かれる。次のステージは光に包まれた薔薇色の世界のように思うであろうが、現実には「葛藤の連続」がようこそと手を振っていたりもする。「子育て」は更なる「地獄の2丁目」に突入していくことになろう。

しかし、それもいいではないか。母はどうであっても、一生、母であることからは抜け出せない。我が子がドンドン大人になるのを目の当たりにして12歳のころとは全く違うステージが用意されていることを実感しても「母の仕事」はこのように多分一生続くのだろう。

さあ、あなたは行こう。「なんだかなー」という重い気持ちを背中にしょいながら、それでも我が子の背中を押して行こう。きっと、あなただけが納得できる日が訪れる。他の誰もが言ってはくれないだろうから、その日が来たら自分自身に言ってあげよう。「よくやったね、偉いぞ、あたし」って。

笑顔満開の春を祈る。母よ、気持ちで「扉」を開けろ！

教訓
悩み苦しむのもまたいい受験

母はお弁当に愛を詰めて③

働いているから手作りのお弁当を持たせることができずに自分を責めている母がいるのだとしたら、それはちょこっと視点がずれている。なぜなら「外めし」を喜ぶ子はたくさんいるからだ。ホンモノのお金を持って、たった一人の力で買い物をするというワクワク感は小学生にはちょっとだけ大人として認められたような快感があるのかもしれない。持っている予算と今日の気分、時間配分（悠長に買い物している時間はない）などのことを考慮しながら本日の夕食を調達する。りんこは、街中で夕飯の買い出しをしている塾っぽい子どもを見ると「しっかり資本主義のなんたるかを学べよ！」と応援してしまう。手作り弁当を持たせられないからって嘆く必要は全くないのだ。あるとき、塾で先生が生徒にこう言い渡した。「俺の講義がある前にマックのポテトを食うな！　二度と買ってくんじゃねー！」先生はマクドナルドに個人的な何かがあるわけもなく単純にポテトと各種お弁当の臭いが混ざり合った部屋で講義をしなければならない劣悪な？　環境に耐えられなかったのだと思う。先生はそのうち「俺の講義の前に吉牛（吉野家の牛丼）を食うんじゃねー！　二度と買ってくんな！」とも言い渡した。子どもらは正直だ。それは申し訳ないことをしたと素直に「ロッテリア」（ポテト）と「松屋」（牛丼）に変更したというのだから、りんこはお腹をかかえて笑ったものだ。

子どもは意外とたくましく生きている。なんだかんだと母は悩むが、母が思うほど子どもは可哀想ではないのだ。大丈夫。どんな弁当でも死にゃしない。

中学受験ホント話③

青沼貴子

あれーー？
リュウくんのママ？
ケンちゃんのママ？
わーんひさしぶりーー！
小学校の卒業式以来だね！
うん！
リュウくん私立中学いっちゃったから
リュウくんは高校受験がなくてよかったねー
ウチは区立中学にいったから大変だったよ
えー？
そう？
うん
なんとかA大の付属高校に入れたけど
超有名大学
すっすごーい
説明しよう
ケンちゃんとリュウは小学校時代同じくらいの偏差値だったのだ

そんなことないよー ムッちゃんはB大附属、マモくんはC大附属だし ウチなんかぜんぜん…
超超有名大学
み・みんな高校からしかない学校ですね
ウチなんか高い私立の月謝払ってるのに高校受験がないから学力は低下の一途
今日のベントーなにかなー
えへへ
かたや区立中に行った友だちはその3年間で爆裂した子が少なくない
きらり
は、早まったか!?
と考えるがやはり私立(国立)の校風のよさをとるか? どっちみち中→高→大→就職という子どもの人生の中で「中学受験」なんてたいしたことじゃないのである

現役母にスペシャル元気玉（応援メッセージ）を贈ります

ウチの子はこんなに頑張っているんだから大丈夫と自信を持ってください。今点数がすごいことになっていても、本番の日に取れれば良いんだから焦らないでね。親子関係を壊さないように、そして体を壊さないようにゆっくり歩いていってください。心も体も健康が一番。生まれたときはそう思ったよね。頑張らないといけないけど、頑張りすぎないこと！　頑張ってるお子さんも偉いけど、ママも偉いぞー!!　心より応援しています♪

努力すれば、願いは必ずかなう。

頑張った者には必ずその人に1番いい結果が用意されると思っています。今は思い通りにならなくても長い目で見たらそれが最良だったと思える日が来ると思うのです。今は子どもさんを信じて、自分を信じて前だけを見て進んで行きましょう。必ず最良の結果は付いてきます!!!負けないで!!

最後の最後に、息子（娘）は絶対やってくれます!!!

これほどまで「どんなに望んでも、どれほどエネルギーを注いでも、自分の思いどおりにならない」経験は、今までの、そしてこれからの長い人生の中でも、そうあることではないと思います。でも、生涯で一番嬉しかったのが「我が子が生まれてきてくれたこと」だとすれば、子どもと一緒に頑張った末の合格はきっと「生涯で二番目に嬉しい」出来事。理不尽とも思える今の困難は、その日のために必要な産みの苦しみ。苦しんだ分、絶対にいい子が生まれるから、最後まであきらめないで頑張って!!

今が大変でもこれは今しか出来ない貴重な体験。親子で共に苦しんだり喜んだり出来ることなんて恐らくもうそう経験できないんじゃないかな。だから毎日を良く味わって!!　結果は必ず出ます！

怒鳴ってしまっても、ときには手を挙げてしまってもココロの根っこのところでつながっていれば大丈夫。受験が終われば父と子も母と子もちゃんと仲良しに戻れます。

冬期講習を過ぎたら、子どもに怒らないで自信をつけてあげて。それまでは怒っても大丈夫！　ここからは、辛いけど不安がいっぱいだけど子どもが頑張ってきたことを信じてあげよう。大丈夫！　大丈夫！　やりぬいた子供はそんなに弱くない。元気に乗り切ろう。大丈夫！

模試の成績は関係なし（といってもあまりにもかけ離れた学校は不可能ですが）。受験期の1週間が勝負。まだまだこれからです。最後は健康と気合いです。

信じる者は救われる！
あなたに合った学校は、
きっとあなたを
迎えてくれます！

子どもは本当に頑張っています!!　お母さんが思っている以上に子どもは頑張っています。だから、たくさんお子さんの前で笑ってあげて！　どんな結果だってお子さんが頑張った努力は決して無駄にならないから、お子さんの力を信じて絶対合格！　と思いましょう。2月に笑いましょうね。努力すれば必ずどこかで報われます。希望通りの結果にならなかったとしても、その学校はお子さんにとってのベストな学校だときっとあとで気付くと思います。その日のために、頑張りましょう。あなたひとりではありません。

お子さんもご自身も大変だと思います。これで良かったのか？　間違ってないのか？　私は子どもにひどいことをしてないか??　などなど、いろいろ思い悩むことと思います。けれど、どんなときでも「我が子のために、良い教育環境を」と考えて行動しているあなたたちは、それだけで素敵なお母さんです。それだけは自信を持ってお子さんたちと日々接して行ってください。合格をお祈りしています!!

とにかく、長い受験期間、落ち込んだり浮かれたりの繰り返しだと思いますが、あとで振り返ると笑えます。受験も子育てのひとつとして、大いに楽しむ気持ちで頑張ってほしいと思います。気持ちひとつで楽しめるはずです。そして、結果がすべてではないということ！　目の前の努力をしている我が子を愛しんで、目いっぱいほめてあげましょうよ！
ママにほめてもらうこと、信じてもらうことが子どもの力を倍増させるはずです。ここが母親のど根性の見せどころです!!

案ずるより生むが安し、
ぜ――ったい合格、OK!!。
頑張れ―――――!!

子どもの受験は自分の受験のときとは比べ物にならないほど不安でいっぱいでした。不安な気持ちはどのお母さんも一緒です。悪いほうに考えてもいい結果は出ません。子どもをヨイショしまくって明るく元気に受験を乗り切ってください!!

明けない夜はないです!!　とにかく目標に向かって頑張ってください。合格発表で自分の子の番号を見た瞬間のあの感動（受けた学校だったらどこの学校でもです）はほんと一生忘れないと思います。その日を夢見て…。そしてどうしても行きたいと思う学校は簡単にあきらめないでくださいね。行きたいという気持ちが大きければ大きいほど大逆転のチャンスもあります（うちではありませんが合格確率最高30%で大逆転の子3人を知ってます。あくまでも本人がどうしても行きたい第一志望に限りますが）。

孤独じゃないよ！　皆同じで辛く不安な日々を抱えてる。もう少しで春は来るから一緒に頑張ろう！

この時期は怒ってもいい。泣いてもいい。ため息混じりにへこんでもいい。親子して経験する「特殊な時期」なんです。「あんなことがあったよね～」と笑い話になる日がきっと来ますから。

明けない夜はない。きっと家族で笑える日がくるから。きっと子どもは分かってくれる日がくるから。受験生活、楽しめたらいいね！

一歩ひいた目で冷静に子どもを応援してあげてほしい。中学受験は最終地点では全くないですから。

晩秋の頃、学校説明会に願書の配布。入学金の算段もしなくては。返却された模試の結果にまた溜息…。親は嫌がおうにも間近に迫った受験本番を意識せざるを得ないのに、当の本人はまだエンジンがかからない。大丈夫、毎年繰り返されるこのイベント。塾もちゃんと心得ていて本番の日にピークがくるようにモチベーションを上げていってくださいますから。今からテンション高すぎて、本番で緊張して実力が発揮できなかったら困るでしょう。これからの時期、母も辛いけれどいちばん大変なのはやはりお子さんです。今は、お小言の2つに1つは飲みこんで、平常心でお子さんをサポートできる脇役に徹しましょう。合格発表の会場で、お子さんと抱き合って嬉し涙を流せる一番良い役柄はあなただけのものなのですから。

過ぎてしまえばよい思い出。来年の今ごろのご自分を思い浮かべて微笑むのもストレス解消かもしれません。合格したらこうしよう、ああしよう、と。親はむしろ楽しむくらいの余裕を持つ努力を（なかなかできませんが）。とにかく「合格の瞬間」は、過去自分が合格したときよりも嬉しい！　その瞬間歓喜で号泣する自分を目指し、お子さんと一緒に進んでください。

今の時期が、一番不安なのだと思う。でも、子どもって最後まで伸びる可能性はあります。例えやる気がない様子を見せていても、お母さんが不安であればお子さんもとても不安な気持ちを抱いています。たとえどんなことがあっても、後ろにはお母さんがついているから大丈夫と、まずお子さんの不安な気持ちを取り除いてあげましょう。そして、お母さんたちのことはこの試練を乗り越えた私たちが応援しています。これから1日1点あげていけばまだ何十点も上乗せすることが出来ます。まだまだこれから、できることはたくさんあります。最後まであきらめないで、くれぐれも体調管理は万全に頑張ってね。

子育ての第1段階最後の子どもとベッタリのひとときを楽しんでください。中学受験は、そのための絶好の機会です。焦ったって結果は変わりゃ〜しません。また、その子にとって何が良かったかなんて大人になってみなきゃわからないものなんですから、ある意味、運命だと思って流れに逆らわず、無理なく残された時間をエンジョイしてください。

偏差値にまどわされずに本当に子どもさんに合う学校を選んであげてください。今が一番大変なとき、でももう少しで楽しい学校生活が待ってるよ、頑張れ〜!!

もうひと息だ!頑張ったことは絶対ムダにならない。

中学受験は受験生にとっては大人になるためのひとつのステップ。受験するためにやりたいことを我慢して将来のために嫌いな勉強を続け、不安でいっぱいの気持ちを乗り越えて無事に受験日を迎えられたことが子どもの一番の宝物。その後の結果を言い訳せずに正面から受け止められる子どもに成長していると信じて母は見守りましょう。私がそう悟ったのは受験間近。皆もそうなる！

あとがき

受験生を抱えていると、季節があっという間に通り過ぎる。春の桜にいよいよ今年は受験！　と気持ちを新たにしたのが、つい昨日のことのように思われる。

夏、子どもたちはプールにも行かず、旅行にも行かず、毎日毎日塾に通った。今年は梅雨がなかなか明けずに、とても寒い夏だった。秋は運動会や文化祭、日曜日の特訓も始まって、家族の顔も揃わない。そして100日前のカウントダウンが始まれば、街にはもうクリスマスツリーが飾られる。

ある父親がこう言った。

「きっともう中学に入ったら、一緒に遊ぶこともないだろう。僕はもっともっと娘と遊びたかった。僕は娘の笑っている顔が大好きだから。2人で探検にも行きたかったし、いろんなことをして遊びたかった。それなのに、大事な娘との3年間を塾に取られてしまった。本当にくやしいよ。でもだからこそ、どうしても合格させてやりたいんだ」

中学受験は特殊だ。いろいろなことを犠牲にしなくちゃやっていけないこともある。まだ12歳の小さな背中に、重いバッグを背負って、夜遅くまで塾に行くのは、正しいこととは思えない。みんなどこかで「これでいいのか」と思いながら、突き進んでいる。だから『偏差値30からの中学受験合格記』を出したあとの反響がすごかったんだと思う。

「その通り、思わずうんうんってうなずいちゃったよ」

りんこさんの本音に気持ちが救われた人が本当に多かった。

だから学習研究社の濱田正和さんから、「もっと受験生のお母さんたちの役に立つようにアドバイス集を作ったらどうか」と言われたとき、心が動いたんだと思う。私たちは塾の先生でも偉い教育学の先生でもないから、たいしたアドバイスはできない。だけど応援することならできる。大丈夫って言ってあげることもきっとできる。

りんこさんに相談したら「元気玉を飛ばすよ、みんなで」と言ってくれた。青沼貴子さんも、本当にお忙しいのにオリジナルでステキなマンガを描いてくださった。学習研究社の藤林仁司さんはいつも元気で、自ら編集なさった妻夫木くんの写真集を送ってくださり、勇気づけてくださった。本当に皆さん、ありがとうございました。

この本にはそんなみんなの想いがたくさんこもっている。受験終了組のたくさんのママたちもエールを送ってくれている。多分、書店で手にとってもらったら、ほこほこってすると思う。

受験終了組母から現役母へ。いま、バトンを渡すよ。

２００３年11月　編集担当　望月恭子

りんごプロフィール

「湘南に棲息している普通のオバさん。基礎化粧品(シワ、しみ、くすみ用)に埋もれるも効果なし。ダンナ(たこゆき=サラリーマン)長男(たこ太=中学生)長女(レディ=小学生)の4人家族、息子の中学受験を体験。中学受験はほんの「地獄の1丁目」に過ぎず、現在「2丁目」通過中。「ひょえ〜!」な毎日を送っている。

今回『偏差値30からの中学受験　リレーアドバイス』を制作するにあたり、都内及び関西の塾にアンケートをお願いしました。お忙しいなかシドウ会・中萬学院・明光義塾の先生から回答をいただきました。どの回答も本当に子どもたちのことを真摯に考えていらっしゃる塾という印象を受け、大変感謝しております。本当にありがとうございました。

スペシャルサンクス(敬称略)

ALEWIFE、akirinn、あきのん、あすみ、あゆ母、アリエル、イカ頭巾、うさ、うさぎのしっぽ、うさみん、うっくん、海、梅、☆☆のオバチャン、おしゃべりサンド、鎌ハハ、かづみ、ガンダムママ、GAVAN、きょたれ♪、桐子、くまぷぅ、グッチー夫妻、きくこ、こうこ、コピー、さとちん、スバル、シーラカンス、さる·さる、すまいる、じじ、sas大好きママ、さくら、テディねえさん、つる、とも、ちえり〜、たか、たまき、チコ、つくし、タコポン、とんこ、なおママ、なっちママ、なこ、にゃあ、ねここ、能天気、ぱお、ぱた、バナプリ、パプリカ、ピイママ、ピエール、ピュアラ、ひつじ、ひばり、ヒメ母、ぴょんた、ぴんく、ぶっきー、ふぐ、ぷーやん、ぷに母、ブラックM、Blue topaz、ペコママ、紅はこべ、ぽん母、まなま、まーぽ、みこ、みかん、めいめい、めしあ、めろん、桃子、ユキママ、夢見るゆこちゃん、よっぷら琴、よっしー、ラムネ、ラファエル、リフママ、リボン、6年受験生の母、ゆう、ゆみこ、ワッフル、わさび、Yの母

偏差値30からの中学受験リレーアドバイス

企画·編集　望月恭子
エッセイ　鳥居りんこ
装丁·本文デザイン　釜内由紀江
イラスト·マンガ　青沼貴子
写真　風渡友宏
書·編集　都筑順子
発行日　2003年12月6日(初版)
編集人　藤林仁司
発行人　堀　昭
発行所　株式会社学習研究社
印刷所　大日本印刷株式会社

この本の内容に関するお問い合わせは、以下のところにご連絡ください

■編集内容については、編集部直通　03-5496-0161
■在庫及び不良品(落丁·乱丁)については、出版営業部　03-3726-8188
■それ以外のお問い合わせについては、「学研　お客様センター」
住所　〒146-8502　東京都大田区仲池上1-17-5
電話　03-3726-8124